I0024833

VIE

DE LA

SOEUR ROSALIE.

PROPRIÉTÉ

V. Poussielgue-Rusand

·OUVRAGE DU MÊME AUTEUR :

VIE DE MADEMOISELLE DE MELUN

2ᵉ ÉDITION. — 1 VOL. IN-18.

VIE

DE LA

SOEUR ROSALIE

FILLE DE LA CHARITÉ

PAR

M. LE VICOMTE DE MELUN

982

1856

PARIS

LIBRAIRIE DE Mme Ve POUSSIELGUE-RUSAND

RUE SAINT-SULPICE, 23

—

1857

PRÉFACE

Le jour même des funérailles de la sœur Rosalie, au milieu du deuil universel, une pensée vint à quelques-uns de ses amis : ils se promirent, comme adoucissement à leur douleur, de mettre en commun ce qu'ils se rappelaient de sa vie, et de présenter ces souvenirs au respect et à la reconnaissance de tous. Ce livre est l'accomplissement de cette promesse. Il n'a

A

pas la prétention de faire connaître à fond une
âme dont Dieu seul a le secret. La plus grande
partie de ce qu'a fait la sœur Rosalie ne pouvait
être arraché aux ténèbres dont son humilité en-
veloppait ses belles actions; l'auteur a cherché
seulement à saisir quelques traits épars de cette
sainte physionomie, à recueillir quelques-uns
des rayons de cette charité si grande dans sa
modestie, si lumineuse dans son obscurité; et
pour que, malgré les imperfections de l'œuvre,
le portrait fût ressemblant et l'écho fidèle, il
s'est attaché à l'exactitude et à la sincérité du
récit; les paroles qu'il répète, il les tient de
ceux qui les ont entendues; les faits qu'il rapporte ont été racontés par les acteurs ou les
témoins; et ses appréciations personnelles sont
le fruit d'une longue et constante amitié avec
celle dont il écrit l'histoire, amitié qui doit
être la garantie et la protection de son travail.

Une seule objection aurait pu arrêter sa

plume : la crainte de manquer à l'humilité d'une
âme qui avait si grand'peur d'attirer l'attention
et le bruit. Mais Dieu, qui recommande à ses
enfants, pendant leur pèlerinage en ce monde,
l'amour des humiliations, de la pauvreté et
des souffrances, les récompense dans l'autre
par une gloire et un bonheur infinis, et l'Église
entoure d'illustration et d'éclat la mémoire de
ceux qui ont suivi, sans en rien oublier, les
conseils de l'Évangile. N'est-il pas du devoir
d'un chrétien d'imiter l'Église, dans la mesure
de sa faiblesse, et de travailler, par tous les
moyens en son pouvoir, à glorifier au delà du
tombeau les humbles, les pauvres, les malheureux volontaires? Manifester les mérites d'une
vie cachée, c'est servir les desseins de Dieu, et
les hommages du peuple préparent le culte des
saints.

La publicité met tant de soin à découvrir les
crimes, à révéler les désordres; elle est si ha-

bile à porter la lumière sur les iniquités qui
se dérobent au jour, et à rechercher les titres
perdus que les hommes peuvent avoir au mépris de leurs contemporains et de la postérité ;
n'est-il pas nécessaire d'opposer les révélations
du bien à celles du mal, les secrets de la vertu
aux mystères du vice, et l'édification au scandale? N'y aurait-il pas injustice et danger à
taire ce qui honore et relève l'humanité, si
souvent compromise par les indiscrétions de
l'histoire? Le témoignage public rendu par
l'excellence des œuvres à la supériorité de la
doctrine protége les faibles, devient un argu-
ment contre le doute, une puissance sur l'opinion, et sert efficacement la vérité dans sa lutte
incessante contre l'erreur : la charité en profite
comme la foi.

Il ne faut pas que la mort interrompe
le bien qui se faisait pendant la vie ; la
publicité des vertus, la manifestation des

bonnes œuvres, sont pour ceux qui survivent une leçon éloquente et le plus puissant des encouragements, et lors même que la main est glacée et la voix éteinte, le récit des actions et des paroles agit et enseigne encore. Sous ce point de vue, quelle vie est plus utile à publier que celle de la sœur Rosalie?

Il n'est pas ici question de ces merveilleuses existences séparées de nous par le long intervalle des siècles, les austérités du cloître, l'éclat des miracles, et qui prennent une place si haute dans l'étonnement et l'admiration des peuples, qu'elles échappent à leur imitation.

La sœur Rosalie était de notre temps, elle a habité au milieu de nous ; chacun a pu la voir, l'interroger à toute heure ; elle s'occupait de nos intérêts, de nos affaires, de nos œuvres ; elle a partagé nos joies et

nos tristesses ; elle a traversé nos révolutions ; toute sainte religieuse qu'elle était,
elle a vécu en contact intime avec son
siècle et son pays ; la charité qu'elle pra-
tiquait sous nos yeux et en notre faveur,
était celle que nous entendons prêcher, que
nous voyons pratiquer tous les jours, et
elle en a tellement épuisé toutes les formes
et exercé toutes les puissances, que chaque
personne, quelle que soit sa position, sa
fortune et sa destinée, trouvera, dans la
vie de cette fille de saint Vincent de Paul,
quelque chose d'applicable à la sienne. Le
riche y apprendra l'usage qu'il doit faire de
ses richesses ; le pauvre, de sa pauvreté ;
l'heureux, de ses joies ; l'affligé, de sa douleur ; le sceptique et l'égoïste, comment on
croit, on aime et on se sacrifie, et à quelle
source divine se puisent la foi et la charité.
Et cet enseignement paraîtra si simple et si

facile, que chacun éprouvera le désir de le mettre en pratique, et de faire un peu et quelquefois ce que la sœur Rosalie faisait si bien et tous les jours.

En offrant principalement ce livre à ceux qui ont connu et par conséquent aimé la supérieure de la Maison de l'Épée-de-Bois, nous les prions avec instance de nous aider à compléter notre travail, et à le rendre moins indigne d'elle. Il leur sera facile de constater beaucoup de lacunes et d'oublis, de signaler plus d'une erreur. Qu'ils veuillent bien nous transmettre ce qui, dans leurs souvenirs, a échappé à nos recherches ; les moindres communications seront reçues avec reconnaissance et mises à profit, non pour la vaine ambition d'un succès littéraire et la satisfaction d'une stérile curiosité, mais dans l'espérance d'éveiller un bon sentiment et de provoquer une bonne œuvre. Dans une vie où les plus admirables vertus se montrent quotidiennes, accessibles et familières, dont tous les incidents sont une entraînante prédication de la charité, chaque action révélée, chaque parole nouvelle augmentera chez le lecteur le désir et la facilité du bien ; ce sera pour lui un conseil de plus à suivre, un exemple de plus à imiter.

VIE

DE LA

SŒUR ROSALIE.

CHAPITRE I.

ENFANCE DE LA SŒUR ROSALIE.

Jeanne-Marie Rendu, en religion sœur
Rosalie, naquit le 8 septembre 1787, à
Comfort, hameau dépendant de la commune
de Lancrans, au pays de Gex, aujourd'hui
département de l'Ain. Sa famille appartenait

à cette ancienne bourgeoisie qui avait acquis,
par une longue suite d'utiles travaux, un
bien-être également éloigné du luxe et de la
gène, et dont la position, plus honorable
qu'éclatante, attirait le respect sans exciter
l'envie. Jeanne, l'aînée de trois filles, fut
élevée avec ses sœurs par sa mère, Anne
Laracine, restée veuve après neuf ans de
mariage.

Ses premières années furent à l'abri de tout
souffle malfaisant; elle puisa à l'école maternelle cette éducation forte, religieuse, qui
s'inspire plus qu'elle ne s'apprend, et vient
surtout de l'exemple; elle ne reçut que de
bonnes et salutaires impressions du pays qui
fut son berceau.

Pendant que l'incrédulité s'emparait de l'Europe, qu'à la voix de la France toutes les barrières s'abaissaient devant le libertinage de
l'esprit et du cœur, que des hauteurs de la
naissance, de la fortune, de l'intelligence, les
doctrines antichrétiennes descendaient dans
le peuple et lui forgeaient des armes contre

ses imprudents instituteurs, le pays de Gex restait étranger à cette invasion ; il semblait conserver l'empreinte des pas et l'écho des paroles de son apôtre, saint François de Sales.

Dans ces profondes vallées, à l'abri des hautes cimes du Jura, la foi s'était maintenue franche et naïve, les mœurs simples, la discipline austère ; à la fin du xviiie siècle, on y retrouvait quelque chose de la vie des patriarches : l'hospitalité s'y exerçait comme au temps d'Abraham ; les enfants des familles les plus aisées allaient, comme Jacob, garder les troupeaux dans la montagne, puiser l'eau comme Rebecca à la fontaine du chemin, et, associant Dieu à leurs courses comme à leurs travaux, ils charmaient la longueur du jour, le silence, la solitude, en chantant des cantiques ou en récitant des prières.

L'enfance de Jeanne respira cet air pur ; elle grandit dans ces simples et pieuses habitudes. Les bonnes influences de la famille et de la patrie, qui semblent glisser sur l'enfant, ve-

naient comme une rosée du ciel féconder pour
l'avenir le germe des vertus que Dieu avait se-
mées dans son âme. C'était alors une jolie petite
fille, vive, espiègle, toujours en mouvement,
au regard spirituel et fin, à la malicieuse
physionomie; capricieuse, volontaire, comme
on l'est à cet âge, se dépêchant, disait-elle,
de faire toutes les méchancetés possibles, afin
de n'avoir plus de fautes à commettre dès
qu'elle aurait atteint l'âge de raison; taqui-
nant ses sœurs, aimant à jeter leurs poupées
dans le jardin du voisin, plus occupée de
papillons que de livres, n'étant au jeu ni la
dernière ni la plus modérée. Mais sa mère
ne s'en inquiétait pas : elle avait senti pendant sa grossesse, répétait-elle plus tard,
qu'elle portait dans son sein un enfant de bénédiction; puis Jeanne aimait tant les pauvres!
Avec eux elle n'avait jamais ni distractions,
ni caprices; elle était toujours douce et com-
plaisante; dès qu'elle en apercevait un sur la
route, elle quittait tout pour aller au-devant
de lui, le prenait par la main, le conduisait

à la maison, et lorsqu'elle n'y trouvait rien à donner, elle partageait son pain avec lui, ou vidait dans son sac sa bourse bien légère. A défaut de pauvres, elle aimait à servir les domestiques, les ouvriers qui travaillaient chez sa mère. Pleine d'attentions et de soins pour eux, elle plaignait leurs peines, partageait leurs fatigues, et manifestait, à travers ses enfantillages, cet esprit d'humilité charitable dont s'est animée toute sa vie. Mais bientôt sa famille fut mise à une terrible épreuve : elle fut appelée à exercer une difficile et méritoire hospitalité.

Jeanne avait sept ans à peine quand se levèrent sur la France ces jours de sanglante mémoire qui seraient l'ineffaçable déshonneur d'une époque et d'un pays, si les grands crimes n'y avaient provoqué d'aussi grandes vertus. L'humanité paraissait hideuse et dégradée, lorsque, sous les traits d'une populace enivrée de mensonges et de sang, elle poursuivait les prêtres, dénonçait les aristocrates, acclamait aux supplices, et dansait autour de l'échafaud ;

mais elle se montra magnifique, sublime dans
ces populations nombreuses, aujourd'hui ou-
bliées, qui s'exposaient obscurément à la mort
pour entendre une messe, écouter la parole
d'un prêtre, et donner asile aux proscrits.

Le pays de Gex, tout abrité qu'il était contre
les révolutions, ne put échapper à la Terreur.
Les décrets de la Convention y pénétrèrent
avec la proclamation de la république, mais
cette terre chrétienne ne fut infidèle ni à sa
foi ni à sa charité; elle apporta dans la ba-
lance sa large part de dévouement et de sacrifices. La famille Rendu fut une de celles qui,
par leurs belles actions, rachetèrent le plus
généreusement les crimes de leurs concitoyens.
Anne Laracine n'hésita pas à exposer sa vie,
la vie plus chère de ses enfants, pour sauver
celle des autres.

Malgré la loi qui punissait de mort quiconque faciliterait l'exercice du culte condamné ou recélerait un prêtre réfractaire,
elle ouvrit sa maison à Dieu et à ses ministres : elle entra résolûment dans cette lutte

où le bien fut obligé d'emprunter au mal ses
voiles et ses ténèbres, où la vertu eut contre
elle les arrêts de la justice et le glaive de la
loi. Elle y entra avec sa famille, ses domestiques, son village tout entier. La trahison,
l'indiscrétion d'un seul, auraient été mortelles
pour tous; mais personne ne trahit, personne
ne fut indiscret, quoique chacun sût à quoi
l'exposait son silence. Cependant une seule
parole faillit tout perdre; elle s'échappa d'une
bouche innocente qui ignorait quelle peine,
dans ce temps, entraînait la vérité.

Jeanne, trop jeune encore pour être mise
dans le secret, avait surpris des déguisements,
entendu des paroles dites à demi-voix, et son
amour de la vérité en prit ombrage. Elle avait
appris de sa mère qu'il ne faut jamais mentir,
elle était convaincue qu'on ne pouvait se cacher que pour faire le mal; aussi la dissimu-
lation qu'elle découvrit lui fut-elle un grand
sujet d'étonnement et de scandale, et elle
souffrit beaucoup d'avoir à soupçonner ceux
qu'elle aimait.

Elle avait remarqué qu'un nouveau venu,
présenté comme domestique sous le nom de
Pierre, était mieux traité que les autres ser-
viteurs : à table on mettait en réserve pour
lui les meilleurs morceaux; au salon, lorsqu'on se croyait à l'abri de tout regard étrange,
on lui donnait la première place; enfin, une
nuit que l'on supposait l'enfant endormie, elle
vit, à travers les rideaux de son lit, Pierre
revêtir les habits sacerdotaux et célébrer les
saints mystères. Quelque temps après, dans
une petite discussion avec sa mère :

« Prenez garde, lui dit-elle, je dirai que
Pierre n'est pas Pierre. »

C'était en effet l'évêque d'Annecy.

Une pareille révélation eût été l'arrêt de
mort de l'évêque et de ses complices; et, pour
obtenir à l'avenir la discrétion de la petite fille,
on lui découvrit tous ces secrets et le danger
des indiscrétions. La pauvre enfant ne com-
prit que trop alors la nécessité de se taire
et de se cacher, lorsque, peu de jours après,
son cousin, le maire d'Annecy, fut fusillé sur

la place publique de sa ville pour n'avoir pas
voulu livrer à la profanation et au feu les
reliques de saint François de Sales.

En racontant ces lugubres incidents de son
enfance, la sœur Rosalie était tremblante,
et remerciait Dieu de lui avoir épargné l'é-
pouvantable remords de ce crime involon-
taire.

Le curé de Lancrans, M. Colliex, mort, il
y a peu d'années, dans la cure d'Ambérieu
en Bugey, n'avait pas voulu abandonner son
troupeau ; il parcourait sous un déguisement
la contrée, portant la pénitence aux repen-
tants, l'Eucharistie aux fidèles, l'huile sainte
aux malades, célébrant les offices dans les
cavernes et au fond des bois. Il se chargea
d'enseigner à Jeanne son catéchisme. La jeune
fille fit sa première communion dans une
cave, et reçut la divine hostie de la main
du prêtre proscrit. Pour elle ce grand jour se
cacha dans les ténèbres, aucune splendeur,
aucune fête n'en marqua la solennité; à peine
osait-on allumer un cierge, murmurer à voix

basse une prière ; mais au fond de cette cave,
au sein de cette pauvre et silencieuse obscurité, il y avait devant l'autel un prêtre qui
se préparait au martyre, une vierge qui jurait
au Dieu qu'elle recevait pour la première fois,
de l'aimer, de le servir toute sa vie, dans la
personne des petits et des pauvres : c'étaient
les mystères, les dangers, mais aussi les
vertus des catacombes.

Lorsque la justice de Dieu et des hommes
eut mis fin au régime de la Terreur, et que la
France respira, la mère de Jeanne, pour compléter son éducation, l'envoya passer deux ans
dans un pensionnat tenu à Gex par d'anciennes
ursulines. L'âge, les rudes temps qu'elle avait
traversés, avaient mûri sa raison et tempéré
la vivacité de son caractère. Elle se montrait
si pieuse, si recueillie, si ardente à la prière,
si détachée de tout ce qui attire, de tout ce
qui éblouit la jeunesse, que les religieuses la
considéraient plutôt comme une novice que
comme une pensionnaire : elles comptaient sur
sa prochaine profession. Mais le cloître n'allait

pas à sa nature. Dès l'âge de raison, Jeanne avait
eu la pensée de se consacrer à Dieu ; nulle joie
du monde ne la séduisait; elle ne voulait rien
de ses fêtes ni de ses sourires, et en même
temps elle se sentait attirée par ses gémissements et sa misère; le besoin qu'elle avait
d'essuyer des larmes, de panser des blessures,
ne s'accordait pas avec la vie contemplative
ni avec la méditation isolée. Elle aimait beaucoup les ursulines, admirait leur piété, s'associait avec délices à leurs prières; mais, à la
sortie de la chapelle, l'hôpital lui manquait,
et la prière lui semblait incomplète quand elle
n'était pas accompagnée d'une bonne œuvre.
Ce n'était pas assez pour elle de laisser tomber du pain en abondance dans la main de
Lazare demandant l'aumône à la porte de son
couvent ; elle avait un ardent désir de le
sauver du froid de la rue, de l'installer dans
un bon abri, de réchauffer ses membres fatigués, de consoler ses afflictions et ses ennuis;
attirée par une impulsion d'en haut vers le
service des pauvres, elle en aimait le labeur

et même les humiliations. Elle avait entendu
chanter un cantique sur le bonheur et sur les
devoirs des sœurs de la Charité. Une strophe
surtout l'avait frappée, elle la rappelait dans
ses dernières années. Cette strophe promettait à la sœur, comme parures, les crachats,
les ordures du moribond; elle lui montrait
des grâces et des consolations célestes près
d'un lit couvert de vermine.

A ces promesses, à ces espérances, elle avait
reconnu sa destinée; depuis ce temps, sans
qu'elle en eût la pensée bien formulée, ger-
mait en son âme la vocation d'une sœur de la
Charité : une visite qu'elle fit avec sa mère, à
la supérieure de l'hôpital de Gex, ne fit que la
confirmer dans sa résolution. M. de Varicourt,
curé de Gex, depuis évêque d'Orléans, était
le seul confident de ses pensées; il admirait
en elle tout ce qui annonce une sainte, dé-
veloppait, encourageait ses pieuses dispositions; et lorsque, d'après ses conseils, elle
passa à Carouge, dans un pensionnat que
venaient de fonder de pieux ecclésiastiques,

Jeanne était déjà tout entière à Dieu et aux pauvres. Elle continua ses pieux exerccies, sa vie régulière, devint bientôt la favorite de ses maîtresses et l'exemple de ses compagnes; mais elle tournait toujours ses regards vers l'hôpital de Gex. Elle obtint de sa mère d'aller passer quelque temps auprès des malades, et d'aider la supérieure dans ses charitables fonctions; là elle fit connaissance avec les souffrances, pour lesquelles elle avait un si grand attrait et une si grande compassion, et commença son apprentissage de dévouement.

Un jour, une de ses amies, Mlle Jacquinot, plus âgée qu'elle de quinze ans, et qui avait été élevée dans les mêmes sentiments et partageait les mêmes travaux, lui annonce son prochain départ pour Paris, où elle va entrer dans la communauté des filles de Saint-Vincent-de-Paul, récemment rétablie en France par le premier consul. A cette nouvelle, Jeanne n'hésite plus; elle ouvre le fond de son cœur à son amie, lui révèle ses aspirations, ses espérances, ses

longues prières pour obtenir de Dieu de la
prendre à son service, de la faire arriver près
du lit des malades, et la conjure de l'emmener
avec elle. En vain Mlle Jacquinot lui objecte
sa jeunesse, son inexpérience, lui demande
d'ajourner son projet, de donner plus de temps
à la réflexion, lui oppose la résistance de sa
mère, qui ne consentira jamais à se séparer
d'elle. Jeanne va trouver sa mère, lui dit sa
vocation, nourrie depuis longtemps et que
Dieu approuve en lui offrant une occasion de
la suivre, et sollicite à genoux son consen-
tement et sa bénédiction. Mme Rendu com-
battit ce projet par les arguments que lui
suggéraient la prudence et l'amour maternel.
Se défiant de la solidité d'une vocation qui
lui semblait irréfléchie, elle aurait voulu l'é-
prouver plus longtemps, avant de renoncer
pour jamais à son enfant; mais comme Jeanne
insistait vivement au nom de son bonheur
et de son salut, Mme Rendu finit par consen-
tir au départ, dans la conviction que le voyage,
le temps, la distraction dissiperaient les illu-

sions d'un premier mouvement, et lui ramè-
neraient bientôt sa fille. Elle lui donna une
lettre pour un ecclésiastique dont elle connaissait le mérite et la vertu, et qui devait,
disait-elle, la guérir de sa folie; puis, les deux
amies, animées du même esprit, partirent
pour la conquête de ce monde inconnu que
la charité allait leur livrer.

Les adieux furent mêlés de larmes; la
pauvre mère ne se lassait pas d'embrasser sa
fille, et lorsque celle-ci fut montée dans la
diligence :

« Tourne-toi de mon côté, ma chère enfant, s'écriait-elle, que je te voie encore une
fois. »

Elle ne pouvait détacher ses regards de
cette voiture qui emportait plus de la moitié de son âme. Une large blessure saignait
aussi au fond du cœur de Jeanne : elle était
bien désireuse d'obéir à la volonté de Dieu, et
cependant elle pleurait amèrement de quitter
sa mère. Elle conserva toute sa vie cette sensibilité: elle éprouva toujours une vive dou-

leur à la perte ou à l'éloignement d'une personne qui lui était chère; ni le temps ni l'habitude de la résignation ne purent jamais affai-
blir chez elle la souffrance des séparations. Sa
charité sans limites ne prit la place d'aucune
de ses affections, elle ne fit qu'augmenter sa
puissance d'aimer et, par conséquent, de souffrir dans ceux qu'elle aimait.

A voir la profonde tristesse qui présidait aux
adieux de la mère et de la fille, on eût dit
que ces deux âmes, si bien faites l'une pour
l'autre, avaient le pressentiment de leur avenir : elles ne devaient se revoir qu'une seule
fois pendant le long temps qu'elles avaient
encore à passer sur la terre, et ne plus se
rencontrer ensuite qu'au jour du repos et de
la récompense, au seuil de la patrie qui ne
connaît ni les adieux ni les absences, et où
Dieu les fit arriver toutes deux en même
temps.

Le voyage fut rapide, sans incident; il se
passa en méditations et en prières. Arrivées
à Paris, le 25 mai de l'année 1802, les deux

jeunes filles, peu soucieuses des monuments
et des curiosités de la ville, vinrent directement frapper rue du Vieux-Colombier, à la
porte de la communauté des sœurs de Saint-
Vincent-de-Paul.

CHAPITRE II.

LES SŒURS DE LA CHARITÉ.

Parmi les hommes illustres qui, au XVIIe siècle, portèrent la France jusqu'à ces hauteurs dont l'ombre se projette si loin sur la postérité, il en est un plus populaire que les autres, entouré d'une gloire plus douce et plus pure. Saint Vincent de Paul apparaît à la terre comme le génie de la charité elle-même. Partout où l'on pleure, il console; partout où l'on souffre, il soulage; il relève tout ce qui

tombe, il adopte tout ce qui est abandonné.
Orphelins, malades, vieillards, provinces dé-
cimées par la guerre, la disette ou la peste,
contrées lointaines assises à l'ombre de la
barbarie et de la mort, rien n'échappe à son
apostolat. Il va jusque dans les bagnes apaiser
les désespoirs, provoquer les repentirs. Sa
main puissante se retrouve dans chaque fondation pieuse de son siècle, son esprit dans
chaque œuvre charitable, et il marque tout
ce qu'il touche du sceau de la durée et de
l'empreinte de la grandeur. Mais jamais il ne
fut mieux inspiré de Dieu que le jour où,
frappé de toutes les privations imposées aux
pauvres, il voulut leur donner, en une seule
personne, la piété et la ferveur de la religieuse,
l'expérience du médecin, les soins de la garde-
malade, l'affection de la mère, la patience
éclairée de l'institutrice, l'humble dévouement
de la servante, et créa pour eux la sœur de la
Charité. Jusqu'à lui les œuvres et les congrégations s'étaient partagé la vie des pauvres;
chacune avait pris, pour y porter remède, une

de leurs privations et de leurs souffrances.
Saint Vincent fit sa communauté à son image :
il lui confia toutes les misères humaines,
comme il les avait toutes adoptées. En effet,
le mal a beau varier, multiplier ses formes,
la sœur de la Charité est plus habile, plus
ingénieuse que lui. Qu'il soit ignorance et
ténèbres dans l'enfance, maladie à l'hôpital,
blessure sur le champ de bataille, crime dans
la prison, esclavage en Afrique, barbarie au
désert, la sœur est toujours prête à le combattre et à en triompher. Elle apporte le soulagement et la paix au milieu des douleurs,
au milieu des luttes universelles, panse les
plaies de l'âme avec celles du corps, et, comme
notre Seigneur, convertit en guérissant.

Pour créer ces modèles d'abnégation, pour
les faire plus forts que les répugnances de la
nature, les révoltes de l'instinct, les veilles, les
fatigues, la contagion, la mort, en un mot, pour
les élever au-dessus de la nature humaine,
leur fondateur n'est pas allé chercher des âmes
d'exception, des natures d'élite. Aucune dévo-

tion, aucune austérité extraordinaire n'a été
imposée à ses filles; elles ne sont pas obligées à ces longs offices, à ces méditations
prolongées qui enlèvent l'âme à l'influence de
la terre, et font du couvent un sanctuaire im-
pénétrable, où l'humanité se transforme et
s'essaie à la vie des anges.

Saint Vincent de Paul a appelé dans sa
communauté les âmes simples aimant le
bien, craignant le mal, sentant en elles le
besoin de se dévouer. Dans leurs familles elles
eussent été de bonnes et franches chrétiennes,
et ne se fussent peut-être distinguées des
autres femmes que par un peu plus de bienveillance, d'abnégation et de piété; dans la
communauté, elles restent en contact quoti-
dien avec le monde, elles n'en sont séparées
que par l'engagement, bien court et bien léger, de ne pas lui appartenir pendant une
année; mais elles vivent, au milieu de ce
monde, dans la présence continuelle de Dieu.
La sœur de la Charité le reçoit à la table
sainte, le retrouve à tous les instants du jour,

dans la crèche du nouveau-né, sur la paille du malheureux, et au pied du lit du malade.

En effet, ce n'est plus l'homme, pas même le prochain, pas même la fille ou le frère, c'est Dieu lui-même qu'elle visite, soigne et sert dans la personne de chaque pauvre. Le monde, ainsi aperçu et compris, se dépouille de ses piéges et de ses dangers, il purifie au lieu de corrompre, et présente à chaque pas une occasion d'édification et de mérite. Chaque service rendu, chaque sacrifice accompli acquiert un prix inestimable de la main qui le reçoit et le récompense; et la fille de saint Vincent de Paul, pénétrée de la présence divine, emprunte à Dieu lui-même les vertus qu'il a pratiquées sur la terre.

Les autres ordres hospitaliers et charitables, fondés en si grand nombre pendant le xviie siècle, n'avaient pas cru pouvoir conserver leur ferveur première sans le secours des grilles, et la perpétuité des vœux. Saint François de Sales lui-même avait reculé devant cette vie religieuse au milieu du monde, qu'il

avait destinée d'abord à ses filles de la Visitation. Saint Vincent de Paul eut plus de foi
dans son œuvre; il a donné à ses filles,
comme il le dit lui-même, pour monastère
la maison des malades, pour cellule une pauvre
chambre, pour cloître les rues de la ville,
pour grille la crainte de Dieu, et pour voile
la sainte modestie. Dieu lui a donné raison :
après deux cents ans, la communauté qu'il
a fondée est plus florissante que jamais; les
vocations y abondent, les novices lui arrivent
de toutes parts, son action s'étend jusqu'aux
extrémités de la terre; partout où paraissent
les filles de la Charité, les orphelins leur
disent ma mère, les pauvres les appellent
ma sœur, le soldat les réclame en tombant
sur le champ de bataille, le vieillard les veut
au chevet de son lit pour bien mourir. La
France leur confie ses écoles, ses hôpitaux,
ses maisons de secours ; les autres nations
catholiques nous les empruntent, les protes-
tants nous les envient et cherchent en vain
à les imiter. Le musulman lui-même sent

tomber à leur aspect ses mépris et son into-
lérance. Elles réhabilitent en Orient la femme
et la chrétienne, elles réconcilient l'Occident
avec la vie religieuse, et font partout aimer
et bénir les noms de l'Église et de la France.

La révolution avait trouvé les sœurs de la
Charité étrangères à la politique, ignorantes
des terribles questions qui se débattaient
chaque jour : elles étaient tout entières aux
malheureux. La république les traita comme
elle traitait les choses et les personnes saintes;
elle se hâta de chasser, comme des suppôts de
mensonges et des organes de la superstition,
ces envoyées du Ciel; on avait peur qu'elles
n'affaiblissent les haines et n'apaisassent les
colères avec lesquelles on voulait faire des
émeutes et de sanglantes journées. On leur
interdit d'enseigner au peuple ses devoirs, de
parler de Dieu à l'oreille des mourants; mais
en les exilant de leurs communautés, en leur
défendant la porte de leurs écoles, de leurs
hospices, les décrets de la Convention n'avaient
pu arracher de leurs cœurs le dévouement ni

la miséricorde. La loi leur avait enlevé l'argent qu'elles pouvaient donner, elle n'avait
pu les empêcher de se donner elles-mêmes.
Exclues des hôpitaux comme religieuses, elles
y rentraient comme infirmières ; privées de la
faculté de recevoir le pauvre dans leurs maisons, elles allaient le chercher dans la sienne,
et continuaient isolément le bien qu'on leur
interdisait en commun. Le malade, en les
voyant sous le costume séculier, devinait à la
tendresse de l'accueil, à la délicatesse des
soins, et aussi à quelques paroles dont il avait
perdu l'habitude, que le cœur d'une sœur était
caché sous l'habit de la voisine ou de la
bonne femme. Grâce à leur visite, il se fit,
dans plus d'une misérable mansarde, de saintes
conspirations pour arracher des victimes à la
mort. L'influence de la charité amollit des
âmes implacables, désarma des mains meur-
trières, étouffa des cris de proscription et de
vengeance; des consciences faussées par la mal-
faisante éducation des clubs, revinrent au
sentiment du bien et du mal, et Dieu rentra

avec la piété dans l'intérieur de familles qui ne le connaissaient plus.

Les sœurs passèrent ainsi le temps de la Terreur, fidèles aux engagements de leur saint ministère, et protégées contre la loi par la reconnaissance du peuple. Lorsque la tempête s'apaisa, qu'un peu de sécurité revint, et que la charité ne fut plus proscrite sous un habit religieux, les sœurs se hâtèrent de reprendre leur costume. La maison mère, le noviciat furent rétablis; les anciennes rappelèrent dans l'arche sainte les colombes dispersées par l'orage. Il fut bien beau le jour où les filles de Saint-Vincent-de-Paul, prièrent ensemble au pied des mêmes autels, après une si longue et si douloureuse séparation! Chacune apportait à la communauté quelque action héroïque, quelque grande œuvre accomplie au péril de ses jours. Chacune avait à raconter à ses compagnes les dangereux incidents de son passage à travers la Terreur; mais à la joie de se revoir ne se mêlait aucun regret du passé; en rentrant dans la maison des pauvres, en

recouvrant le droit de soigner les malades,
d'instruire les enfants, de se dévouer à tout
le monde, elles n'avaient plus rien à demander ; la révolution ne leur avait rien fait
perdre, elles retrouvaient à la fois leur patrie,
leur famille, leur fortune. La maison mère
reprit sa discipline et ses travaux, elle recom-
mença à préparer à la vie religieuse les nouveaux enfants envoyés par la Providence, et
reçut à bras ouverts les deux jeunes filles,
venues des extrémités de la France pour faire
l'apprentissage de la charité.

CHAPITRE III.

LE FAUBOURG SAINT-MARCEAU.

Jeanne ne resta pas longtemps à la maison mère. D'une complexion très-délicate,
douée d'une extrême sensibilité physique et
morale, elle était accessible à toutes les émotions intérieures, à toutes les influences du
dehors, et eut beaucoup à souffrir dans les
premiers temps de son noviciat. Le moindre
changement dans l'atmosphère l'éprouvait;
elle sentait passer un nuage, une araignée

lui faisait peur, le voisinage d'un cimetière
l'empêchait de dormir, il lui semblait qu'elle
n'aurait jamais le courage d'ensevelir un mort.
Chacun des devoirs de la sœur de la Charité
qu'elle embrassait avec tant d'ardeur, lui
coûta une lutte vigoureuse contre sa répugnance et son instinct; il lui fallut des efforts
inouïs pour triompher de sa faiblesse. Cette
lutte, ces efforts, agirent profondément sur
sa santé. Après quelques mois de séjour,
elle tomba si dangereusement malade, que
pour la faire changer d'air et hâter sa convalescence, elle fut envoyée près de la sœur
Tardy, rue des Francs − Bourgeois - Saint -
Marcel.

La Terreur elle - même n'avait pas dispersé
les sœurs de la maison des Francs-Bourgeois;
cachées sous leur robe laïque, mais trahies
sans cesse par leurs bonnes œuvres, elles s'é-
taient fait pardonner leur foi par leur charité.
Comme il fallait les appeler toutes les fois
qu'un malheur tombait sur une famille, qu'on
n'aurait pu les arrêter qu'au pied du lit d'un

pauvre malade, et que tout le monde avait besoin d'elles, il ne se trouva personne pour les dénoncer : leur dévouement fut toléré; l'autorité elle-même, malgré sa défiance, ferma les yeux sur leurs vertus.

La sœur Rosalie ne pouvait commencer à meilleure école. Elle avait alors seize ans et demi ; sa beauté intérieure rayonnait au dehors : sa physionomie était pleine de bienveillance, de grâce et de vivacité; son esprit, à la fois naïf et profond, charmait par sa candide ignorance du mal, par sa merveilleuse intelligence du bien. Dieu avait mis en elle l'aiguillon et le frein. Chacune de ses paroles, chacune de ses actions révélait déjà cette nature ferme et sensible, énergique et délicate, qui devait mettre au service de la charité la passion la plus ardente tempérée par la plus sévère raison.

A peine arrivée, Jeanne devint la joie de la petite communauté. Elle allait au-devant de tous les devoirs, se multipliait dans tous les exercices, et déployait un entrain et une

activité qu'aucun travail ne pouvait lasser.
Les anciennes étaient sous le charme, elles
suivaient son impulsion sans s'en apercevoir,
et la jeune novice faisait faire à tout le
monde ce qu'elle voulait. A la fin de son
noviciat, personne dans la maison n'aurait
pu se résigner à son départ. La sœur Tardy
dit alors à la supérieure générale :

« Je suis très-contente de cette petite
Rendu, donnez-lui l'habit et laissez-la-moi. »

Jeanne fit sa profession à la maison mère,
reçut le nom de sœur Rosalie, qui la distinguait d'une autre sœur appelée comme elle ;
puis elle revint, pour ne le plus quitter, au
faubourg Saint-Marceau. Il était digne de son
zèle et de son génie.

La ville de Paris a fait beaucoup au XIXᵉ
siècle pour agrandir les rues, assainir les
logements, faciliter à chacun la santé et la
vie ; mais, malgré les progrès de la civilisation, le faubourg Saint-Marceau, c'est-à-dire
la quatrième partie du douzième arrondissement, est encore aujourd'hui le type le plus

achevé de la souffrance et comme la patrie de
la misère. Là, le pauvre est plus pauvre
qu'ailleurs, l'insalubrité plus malsaine, la
maladie plus meurtrière; l'industrie elle-même,
qui ordinairement relève et embellit autour
d'elle, prend dans ce quartier la forme de la
ruine et porte les livrées de la misère : car
elle s'exerce surtout la nuit, sur des haillons,
au coin des bornes et dans les ruisseaux. En
1802, le lendemain de la révolution, après
tant d'années de troubles, de disette, de
sanglante oisiveté, le faubourg Saint-Marceau
était encore bien autre chose. Dans les orgies
révolutionnaires, il avait acquis une redou-
table célébrité; à l'heure du calme et des
réparations, il était tombé dans la langueur,
dans le malaise qui succèdent à toutes les
ivresses, et revenait difficilement aux devoirs
d'une société régulière. De l'éphémère souveraineté exercée en son nom, il ne lui restait plus
que des blessures aiguës et de profondes souffrances. Dans ces rues étroites et tortueuses,
dans ces maisons délabrées, dans ces chambres

trop basses, trop humides pour servir d'étable
ou d'écurie, des familles entières végétaient
pêle-mêle sur la terre ou sur la paille, sans
air, sans lumière, sans chaleur, sans pain.

La vie morale et intellectuelle était à l'u-
nisson de l'existence physique : après tant
d'années où le culte avait été aboli, l'instruction négligée, on n'eût pas facilement
trouvé un enfant qui sût lire, une femme qui
se rappelât ses prières. Les âmes sevrées de
vérités étaient devenues pauvres comme les
corps, il fallait rapprendre le chemin de l'é-
glise et de l'école, comme celui de l'atelier.
Tout était à reconstruire ou à réparer.

C'était une tâche bien difficile que d'avoir
à lutter contre une pareille situation. La sœur
Rosalie n'en fut pas effrayée. En présence de
ce monde à conquérir et à régénérer, elle
sentit une grande joie, et remercia Dieu de
lui accorder, dès les premiers pas dans la
carrière, l'objet de ses ardentes prières. D'a-
bord simple sœur dans la rue des Francs-Bourgeois, quelques années plus tard supérieure

de la maison de la rue de l'Épée-de-Bois,
mais toujours l'âme de ses compagnes, elle
entreprit une guerre énergique contre la misère et les vices de son quartier; elle la poursuivit plus de cinquante années sans un moment d'arrêt, sans un mouvement en arrière,
jamais découragée, jamais vaincue, se reposant
d'une fatigue par une autre, d'une œuvre
accomplie par l'entreprise d'une œuvre nouvelle, n'abandonnant son poste et ses armes
que le jour où Dieu, satisfait de ses longs
combats et de ses victoires, releva sa servante, et la fit entrer dans son éternel repos.

Comment a-t-elle pu suffire à une pareille
lutte? Comment, faible, pauvre, ignorée au
début, s'est-elle élevée peu à peu à la puissance et à la renommée, et est-elle parvenue à faire concourir à son œuvre obscure
et inconnue toutes les forces de la société
la plus riche et la plus brillante? Dieu seul
le sait. Seulement, on verra, par ce récit,
qu'elle n'a fait aucun de ces appels extraordinaires qui ébranlent et entraînent le monde,

qu'elle n'a poussé aucun de ces cris de détresse qui vont éveiller les plus endormis,
et émouvoir les plus insensibles. Elle n'a,
pour ainsi dire, demandé ni cherché personne; confiante en la Providence, elle s'est
contentée de bien accueillir ce qui venait à
elle, d'accepter ce qui se présentait, et de
tirer profit de tout ce que Dieu a mis entre
ses mains.

CHAPITRE IV.

LE BUREAU DE CHARITÉ.

En prenant possession de son faubourg, la sœur Rosalie n'avait rien à espérer de son voisinage : les plus riches auraient été des pauvres ailleurs. Étrangère à Paris, sans relations avec le monde, elle ne connaissait dans les autres quartiers personne dont elle pût réclamer le secours : d'ailleurs, le lendemain de la révolution, la ruine était dans toutes les fortunes ; chacun avait quel-

que chose à demander. Les anciennes œuvres
avaient disparu dans la destruction générale,
les nouvelles n'étaient pas encore fondées ; les
églises, à peine ouvertes, avaient besoin des
aumônes des fidèles, pour couvrir leur nudité
et réparer leur spoliation. Le bureau de charité commençait à peine à s'organiser : le premier, il offrit à la sœur Rosalie ses modiques
ressources. C'était le moment où le Consulat
venait de remplacer le Directoire ; tous les
élans, toutes les initiatives de la jeunesse
succédaient aux défaillances d'une honteuse
décrépitude : la société, sortie enfin des con-
vulsions de l'anarchie, sentait le besoin de
relever ses ruines. Le premier consul marchait à grands pas dans la voie des recon-
structions ; dès qu'il avait été le maître, il
avait voulu restituer à Dieu ses temples et
ses ministres, aux pauvres leurs asiles et
leurs ressources ; les filles de Saint-Vincent-
de-Paul reprirent leur place dans la charité
publique.

Le jour où l'esprit de l'Évangile avait pénétré

dans les lois aussi bien que dans les mœurs,
la mission de soulager les pauvres au nom
de la société tout entière avait appartenu
sans contestation à l'Église. En effet, le chris-
tianisme, en tirant le monde moderne des débris mutilés de l'univers païen, lui avait donné,
comme Dieu à l'homme, un corps et une
àme : il avait confié l'un à l'État, l'autre à
l'Église, et avait partagé le gouvernement des
choses humaines entre ces deux pouvoirs : à
l'État, la direction des affaires civiles, des
intérêts politiques, des rapports qui touchent
à la vie de ce monde; à l'Église l'administration des choses spirituelles et des affaires de
l'âme. Sous cette haute inspiration, le soin
et la tutelle des pauvres n'apparaissent pas
seulement comme un devoir individuel, mais
aussi comme une vertu sociale. L'Église fit
le bien comme elle enseignait la vérité : elle
fut à la fois l'institutrice et l'aumônière des
peuples. Pour accomplir cette grande œuvre
elle attacha un hôtel-Dieu à toutes les cathé-
drales, fit une maison de secours de chacun

de ses monastères, assigna dans ses revenus
une large part aux pauvres, et devint le canal
par lequel passèrent les libéralités et les aumônes des chrétiens. La loi civile reconnut
elle-même cette mission : dans les premiers
temps, l'évêque est légalement le défenseur des
indigents, le tuteur des orphelins, le père
des abandonnés. Il administre leurs biens,
plaide en leur nom, accepte pour eux ce qui
leur est donné : en un mot, il exerce, par
lui ou ses auxiliaires, les diverses fonctions
de la charité publique.

Plus tard la société politique et civile élevée par les mains du clergé voulut pratiquer
elle-même les leçons de ses maîtres : elle se
fit une part dans le domaine de l'enseignement et de la charité. Pendant que la philosophie s'échappait des écoles ecclésiastiques
et cherchait à expliquer le monde sans la
théologie, l'État voulut aussi avoir sa charité
officielle, et reprendre au clergé la tutelle et
la représentation des pauvres. Les rois, les
municipalités fondent des hôpitaux, orga-

nisent des secours à domicile, qui ne sont
plus exclusivement entre des mains religieuses, et dont ils s'attribuent la direction
et la surveillance. Mais, là où la société resta
catholique, l'État ne prétendit pas se mettre
entièrement à la place de l'Église. Les gouvernements, voyant dans la charité religieuse le
plus précieux des auxiliaires, traitèrent avec
elle pour le service des pauvres qu'ils voulaient secourir; les évêques, les curés eurent
leur place, leur influence dans les conseils
charitables.

L'Église accepta volontiers cette transac-
tion; elle ne pouvait refuser d'aider ses enfants à appliquer eux-mêmes la science qu'elle
leur avait si bien enseignée. Déjà les décrets
de ses conciles avaient appelé les laïcs au
partage de l'administration des établissements
hospitaliers qu'elle avait fondés. On vit alors
un grand nombre de congrégations s'entendre
avec les villes, se charger, sous leur contrôle,
de leurs hôpitaux, de leurs hospices; et saint
Vincent de Paul fit entrer ses filles dans les

principaux établissements de la charité com-
munale, en leur ordonnant d'être soumises
aux administrateurs laïcs des maisons qu'elles
desservaient. Qu'importait en effet à la religion le changement survenu dans ses rapports
avec l'assistance publique? On lui laissait les
fatigues, les veilles, les rudes travaux; on lui
permettait encore d'être la servante des pauvres;
il n'y a pas à ses yeux de plus beau titre ni de
plus noble mission. C'était beaucoup trop aux
yeux d'une certaine philosophie.

Quand on voulut essayer d'une société sans
Dieu, il fallut mettre partout l'action civile
et humaine, non plus à côté, non pas même
au-dessus, mais à la place de l'action religieuse: telle fut l'œuvre du xviiie siècle; il
imagina la philanthropie pour se passer de la
charité. L'inflexible logique de la Convention
appliqua cette théorie, elle se hâta de renvoyer les sœurs, de poursuivre la fermeture
de tous les établissements charitables des âges
précédents, et chargea l'État du soin d'abolir
la misère. L'arbre devait bientôt porter ses

fruits. Sous prétexte de changer l'aumône en
pension, et de donner aux pauvres un droit
au lieu d'un secours, la république de 93
s'empara de tous les biens légués pendant de
longs siècles par la générosité, par la piété des
princes et des particuliers; et elle en ordonna
la vente au profit du trésor. En compensation on ouvrit à chaque chef-lieu de canton
le grand livre de la bienfaisance publique. On
devait y inscrire, au nom de tous les inva-
lides, veuves, orphelins, enfants trouvés, des
pensions qui ne furent jamais payées à personne. Napoléon se hâta de faire justice de
ces folles utopies : il ferma le grand livre,
dont toutes les pages étaient blanches, rendit
aux hôpitaux, aux hospices les biens non ven-
dus, et, fidèle au système de concilier les
institutions du passé avec les principes et les
habitudes modernes, il revint à l'ancienne
doctrine de la charité publique. Celle ci ne
fut plus une dette de l'État envers le pauvre,
un impôt prélevé sur les propriétaires et les
ouvriers en faveur de ceux qui n'ont rien et

ne travaillent pas; ce fut le don d'une société chrétienne distribué aux plus malheureux de ses enfants, dans la liberté de sa miséricorde et la mesure de ses ressources. Comme sous François Ier et Louis XIV, des administrateurs furent chargés, au nom de l'État ou de la commune, de diriger gratuitement les établissements charitables, et on confia aux sœurs le soin des malades et des indigents. La direction fut laïque, l'action dut être religieuse.

Telle fut la pensée que Napoléon voulut faire dominer dans la réorganisation des secours publics, dans les bureaux de charité comme dans les hôpitaux. En associant la science des affaires et l'aptitude administrative au dévouement et à l'abnégation inspirés par la religion, il rétablissait en faveur des pauvres un système bien supérieur aux institutions d'assistance publique des autres pays, où le service des indigents, largement rétribué, n'a plus la puissance du désintéressement ni l'excellence du sacrifice.

La maison de la rue des Francs-Bourgeois-Saint-Marcel avait été désignée comme une des quatre maisons de secours du 12me arrondissement. On y établit une pharmacie, un dépôt de vêtements et de linge, une école gratuite pour les enfants pauvres. Une liste des ménages indigents fut dressée par les soins des administrateurs ; le bureau de charité fournit à chaque ménage deux livres de pain par mois, un peu de viande en cas de maladie ou de convalescence, quelques cotterets pendant l'hiver, et, tous les deux ans, une chemise ou une couverture.

Les sœurs furent chargées de délivrer les médicaments, de tenir l'école, de visiter les malades, et de faire la distribution des secours avec le concours de commissaires et de dames de charité.

La sœur Rosalie remplit avec un grand zèle ses nouvelles fonctions, et bientôt sa maison devint un modèle. Le temps était alors à la conciliation ; la misère était profonde : comme on n'avait pas encore oublié les dou-

loureuses leçons de la veille, personne ne
songeait plus à élever deux drapeaux sur la
maison des pauvres, ni à opposer la bienfaisance publique à la charité religieuse. La
société, à peine convalescente, ne disputait
pas au dévouement chrétien le droit de panser ses blessures et de cicatriser ses plaies.
Tout encourageait le zèle des sœurs; on ne
doutait pas de leur prudence, on se confiait
en leur désintéressement. La délivrance d'un
bon de pain ou d'une tasse de tisane n'était
pas entourée de ce luxe de formalités et de
signatures qui transforment quelquefois les
institutions d'assistance en une administration plus financière que charitable. La sœur
Rosalie, qui se plaignait si peu du temps
présent, ne pouvait s'empêcher de regretter
plus tard la liberté laissée à ses débuts dans
la carrière de la charité, à cette époque où
l'on attachait plus de prix à la bonté de
l'action qu'à l'exactitude du chiffre, où le
bien opéré suffisait à la justification des dépenses.

Les administrateurs du bureau de charité
du 12ᵐᵉ arrondissement, choisis dans le seul
intérêt du bien, sans préoccupations de parti
ou de système, s'aperçurent bientôt que personne ne comprenait mieux que la sœur
Rosalie la véritable situation des pauvres.
Ils reconnurent, dès le premier jour, sa profonde intelligence du mal et des remèdes, des
besoins et des secours. A toutes leurs questions elle avait une réponse satisfaisante; à
chaque difficulté elle apportait une solution;
les secours dont ils lui confiaient la distribution se multipliaient sous ses doigts, produisaient au centuple; et comme elle se plaisait
en même temps à leur donner la joie et l'honneur de ses bonnes œuvres, elle devint bientôt
leur conseillère et leur amie. Tout se faisait
par ses avis, ou plutôt par ses mains; elle
était à la fois leur commissaire et leur dame
de charité. Lorsqu'à l'âge de vingt—huit ans
elle fut nommée supérieure, le quartier cé-
lébra sa nomination comme une fête; les
administrateurs, pour témoigner leur joie, lui

firent présent d'un trousseau complet; elle le
ménagea avec une extrême économie, et en
portait encore quelque pièce le jour de sa
mort.

Quand la révolution de 1830 exclut le clergé
des administrations hospitalières, et inscrivit
sur les bureaux de secours le nom de la bienfaisance au lieu de celui de la charité, un
grand nombre d'administrateurs furent chan-
gés; beaucoup de nouveaux venus exprimèrent
de grandes préventions contre les sœurs, et la
volonté de diminuer leur influence. La sœur
Rosalie ne s'en émut pas; elle continua le
système du passé, répondit avec le même zèle
aux demandes des administrateurs nouveaux,
et mit son temps, ses lumières au service de
leur inexpérience. Les défiances ne tinrent pas
longtemps contre cette abnégation de tous les
instants; sa douceur eut bientôt triomphé des
hostilités. Ceux-là même qui n'avaient jamais
su ce que c'était qu'une sœur, qui ne la connai-
saient que par la calomnie, et s'étaient promis un rigorisme à toute épreuve, passèrent

comme les autres sous le joug aimable de sa charité.

Les mauvais se retirèrent bientôt, comme vaincus par son ascendant et honteux de le subir ; les bons devinrent meilleurs avec elle, et ne séparèrent jamais leur action de la sienne. Sous tous les régimes et jusqu'à son dernier jour, la sœur Rosalie fut, aux yeux du pauvre, le véritable représentant de tout le bien qui se faisait au faubourg Saint-Marceau.

De ce bon accord naquit un grand résultat. Quels que soient la dignité, le mérite de ceux qui l'exercent, la charité publique a toujours à redouter un écueil : l'origine de ses ressources, la forme périodique et presque mécanique de ses distributions, le mode de nomination, le caractère officiel de ses administrateurs favorisent une opinion fausse et dangereuse sur la nature de ses secours. Le pauvre est toujours tenté de croire que son inscription sur la liste des indigents lui constitue un droit, que le bureau de bienfaisance acquitte envers lui

4

une dette. D'ailleurs, il ne faut pas se le dis-
simuler, séparée de l'action religieuse, l'aumône, même bien placée, n'améliore pas; si
elle arrive mal à propos, elle dégrade et cor-
rompt. Comme, malgré toutes les enquêtes,
il lui est difficile de distinguer la véritable indigence de son masque ou de son exagération,
souvent elle détourne du travail, dispense de
l'effort, devient une prime à la paresse, une
facilité aux mauvaises habitudes, et mérite
le reproche de faire plus de pauvres qu'elle
ne guérit de misères. La charité religieuse,
au contraire, faite au nom de la société et
de l'individu, se présente, avant tout, au nom
de Dieu : elle paraît, aux yeux du pauvre
lui-même, venir de l'Évangile et non de la loi
humaine. Puis, en soulageant le corps, elle va
droit à l'âme, elle a pour but de corriger en
même temps que de secourir; et en poursui-
vant l'amendement moral, elle travaille à l'ex-
tinction du paupérisme. Car, par une loi pro-
videntielle, toute réforme de l'âme profite au
corps; il s'enrichit de ses mérites comme il

s'appauvrit de ses défauts. A mesure que vous enlevez à un homme un vice, vous écartez de lui une cause de ruine; à mesure que vous lui donnez une vertu, vous lui ôtez une chance de misère. Chassez de son cœur l'égoïsme, l'orgueil, la paresse, la recherche des plaisirs coupables, il diminuera ses dépenses stériles ou dangereuses, il augmentera la ration de pain de sa famille, l'instruction et le bien-être de ses enfants; il épargnera en travail et en salaire ce qu'il dissipait en ivresse et en débauches; il économisera à la fois sa fortune et sa santé. Enfin il y a dans la foi chrétienne des trésors inépuisables de courage et de consolation. En inspirant la résignation, elle ôte plus d'aiguillon à la souffrance, plus d'amertume à la douleur, que toutes les distractions offertes par la fortune. Des monceaux d'or n'ont jamais consolé de la mort d'un fils ; une parole de l'Évangile essuie les larmes d'une mère en lui montrant le ciel, où celui qu'elle a perdu prie pour elle et l'attend.

Voilà ce qu'apportait la sœur Rosalie avec ses bons de pain, ses cartes de viande ou de cotterets du bureau de charité.

———————

CHAPITRE V.

VISITES AUX PAUVRES ET AUX MALADES.

A l'aide de ses rapports continuels avec eux, la sœur Rosalie parvint bientôt à connaître chacun de ses pauvres; elle ne se bornait pas à cette science superficielle, extérieure, qui constate dans un ménage ce qui manque à la vie matérielle. L'inventaire était malheureusement bien facile à faire, et presque partout il était le même; elle découvrait aussi les plaies cachées sous les dehors d'une indigence dont elles sont trop souvent la source.

Ordinairement elle n'avait pas besoin de gagner la confiance ; les aveux venaient au-devant d'elle. On ne pouvait la voir sans reconnaître qu'elle ne cherchait le mal que pour le guérir. A mesure qu'elle découvrait une ignorance, un désordre, une dépravation, sans se rebuter, sans témoigner ni dégoût ni colère, elle réveillait peu à peu dans ces natures engourdies quelques notions du devoir. Sa compassion, sa patience faisaient pénétrer partout la vérité au fond des cœurs.

Quelquefois cependant ses premières tentatives échouaient, et on répondait à ses avances par des injures.

Elle ne s'étonnait ni ne s'indignait d'une mauvaise réception, mais elle attendait le moment favorable; elle savait bientôt trouver l'occasion de rendre un service, et finissait toujours par triompher des plus mauvaises volontés. Plus d'une fois, renouvelant au milieu de Paris les merveilles des missions lointaines, elle s'empara de toute une famille, fit arriver le père et la mère au baptème, à

la première communion, au mariage, apprit
aux petits enfants le catéchisme, et prépara
l'aïeul à la mort. Quand, plus tard, ses fonctions et son âge lui ôtèrent la joie d'aller
voir aussi souvent ses pauvres, elle ne les
perdit pas de vue. Elle se fit une loi de ne
jamais leur fermer sa porte, elle avait toujours du temps pour eux, ils passaient avant
tout le monde, et lors même que la fièvre
minait ses forces, que le médecin lui défendait toute conversation ou même tout mouvement, on avait grand'peine à l'empêcher
de descendre à leur appel : on n'y réussissait
pas toujours. Pendant une de ses maladies,
la sœur de garde à la maison avait refusé à
un homme de son quartier de l'introduire
près d'elle ; celui-ci se mit en colère, fit grand
tapage, se plaignit hautement de ce qu'on ne
voulait pas s'occuper de lui. La sœur Rosalie
l'entend, arrive à la hâte, avec le frisson de
la fièvre, l'apaise, écoute sa demande et lui
promet ses bons offices ; puis, après son départ, elle gronde doucement la sœur de ne

pas l'avoir avertie; et, comme celle-ci invo-
quait les ordres sévères du médecin et la
fièvre, qui devenait plus forte à chaque im-
prudence :

« Mon enfant, répondit-elle, laissons le médecin faire son métier, et nous, faisons le nôtre:
écrivez sur-le-champ pour ce brave homme, et
à l'avenir prévenez-moi toujours.

— Mais, ma mère, cet homme s'est emporté !

— Eh! mon enfant, le pauvre malheureux
a bien autre chose à faire que d'étudier les
belles manières! Il ne faut pas s'effaroucher
d'une parole vive, ni se fier à une apparence
un peu grossière; ces pauvres gens valent
mieux qu'ils ne paraissent. »

Aussi les pauvres du faubourg Saint-Marceau
prirent-ils l'habitude d'aller plusieurs fois la
semaine rendre visite à leur mère; ils vivaient
en confiance, en familiarité avec elle; ils lui
apportaient leurs idées, leurs plaintes, leurs
peines, leurs demandes, leurs secrets. Son
cœur était leur refuge, sa conscience leur lu-

mière, et sa maison la leur. Quand le monde
les repoussait, quand un atelier leur refusait
de l'ouvrage, ou un boulanger du pain; si un
propriétaire retenait, en les expulsant, le petit
mobilier des jours meilleurs ; si le commissaire
de police leur déniait la permission d'étaler
en plein vent leur chétive industrie; si le fils
avait manqué de respect à son vieux père; si
la fille avait abandonné le foyer maternel; tous
allaient trouver leur mère : son accueil les
consolait des mépris du dehors; elle donnait
le pain de la journée, parlait au patron, flé-
chissait le propriétaire ou le commissaire,
décidait le fils indocile à demander son pardon,
et ramenait au bercail la brebis égarée. Les
méchants arrivaient comme les bons, ceux
qui méritaient son intérêt et ceux qui en
avaient abusé; car la bonne sœur ne repoussait personne. Franche avec tous, elle disait à
chacun les vérités même les plus dures; mais
il y avait tant d'indulgence dans ses reproches,
tant de tendresse dans sa sévérité! les plus
coupables étaient émus, les plus audacieux

baissaient la tête : ils s'en allaient confessant
leurs fautes et promettant d'être meilleurs à
l'avenir. Alors même qu'ils recommençaient,
la sœur Rosalie trouvait toujours un motif pour
ne pas les punir. Cependant un ivrogne, malgré les promesses les plus formelles, avait si
souvent vendu pour boire tout ce qu'il recevait en objet de literie ou en vêtements, qu'elle
prit le parti de ne plus rien lui accorder. A
l'entrée de l'hiver, aux premiers jours de gelée,
il vient audacieusement demander une couverture, qui lui est refusée : mais le soir, la sœur
Rosalie, à peine couchée, pense que, pendant
qu'elle se réchauffe dans son lit, le pauvre
homme doit avoir bien froid sans couverture.
Cette pensée la tint éveillée toute la nuit, et
le lendemain il fallut envoyer la couverture
au coupable, « afin, disait-elle, que nous puis-
sions, la nuit suivante, nous bien reposer
l'un et l'autre. »

La sœur Rosalie était surtout admirable près
du lit des malades; nulle part sa charité ne
se montrait plus active et plus puissante. La

maladie, cette terrible épreuve pour toute créature humaine, devient la plus impitoyable des
calamités pour celui qui n'est séparé de la
misère que par le travail. Au premier coup
elle frappe d'inaction ses bras, sa seule fortune ; aussi, le jour où l'ouvrier se couche
commence la ruine de sa maison ; il commu-
nique sa décadence à tout ce qui l'entoure : il
voit successivement partir le pain, les meu-
bles, le linge de la famille, et chacune de
ses souffrances est aggravée par les privations
de ceux qu'il aime. Mais, comme il arrive
toujours pour les malheurs qui viennent de
Dieu, il y a dans la maladie une source de
bénédictions et de grâces.

Elle développe souvent dans la famille dé-
solée des vertus qu'on ne soupçonnait pas,
dans les voisins une charité infatigable, enlève
le patient lui-même au joug de ses passions,
à l'orgueil de la vie, et lui apporte, en échange
de tout ce qu'elle lui prend, les bienfaisantes
inspirations de l'éternité. A l'heure suprême,
la science hésite et se trouble, tout appui

humain manque comme un roseau brisé, et
on sent l'impression d'une main supérieure qui
vous tient suspendu sur l'abîme, et n'a plus
qu'à s'ouvrir pour vous laisser tomber. Qu'une
voix douce et miséricordieuse vous dise alors
d'espérer contre toute espérance, de lever les
yeux plus haut que la terre, de demander
secours au Maître de la vie, elle est écoutée
comme un écho du ciel. Sous la parole évan-
gélique, les choses prennent un autre aspect,
la douleur apparaît comme une expiation, le
désespoir se change en résignation, la malédiction en prière; l'âme s'épure et se fortifie
de toutes les ruines du corps, le dernier moment marque l'heure de la délivrance, et l'im-
mortel bonheur arrive aux malheureux par le
chemin de la mort.

Dès que la sœur Rosalie apprenait qu'un de
ses pauvres était malade, elle accourait près
de son lit, sa pensée ne la quittait plus: elle
y envoyait à chaque heure, s'en occupait sans
cesse, et faisait partager à tout le monde sa
sollicitude. Les médecins eux-mêmes, à qui le

grand nombre de malades laisse si peu de
temps pour s'intéresser et s'émouvoir, ne pouvaient résister à ses instances; elle demandait
leurs soins avec tant d'effusion, les interrogeait
avec tant d'inquiétude, qu'ils assistaient spécialement ses pauvres. Leur respect, leur admiration, le désir qu'elle inspirait à tous d'être
pour quelque chose dans ses œuvres et dans
ses mérites, les portaient à multiplier leurs
visites et à faire de grands efforts pour sauver
ses protégés; comme on voit chaque jour les
plus familiarisés avec les douleurs humaines
se laisser gagner par l'émotion d'une mère qui
leur demande la vie de son enfant.

Le malade savait à qui il devait ces soins
privilégiés. Aussi, comme il attendait, comme
il appelait la visite de la sœur! Dès qu'elle
entrait, un sourire de bon accueil effleurait
ses lèvres mourantes, un regard de reconnaissance ranimait ses yeux éteints; il acceptait de sa main respectée le breuvage amer
qu'il avait repoussé jusque-là, il reprenait
confiance en sa guérison; son pouls devenait

moins élevé, sa poitrine moins haletante;
quelques bons de pain assuraient la vie de la
famille, quelques secours arrêtait sur le seuil
le dernier reste du bien-être qui s'en allait au
mont-de-piété. La femme, la mère fléchissant
sous le poids de l'inquiétude et des veilles,
reprenaient courage, et les enfants ne pleuraient plus.

Lorsque commençait la convalescence, les
attentions, les recherches délicates venaient
avec elle. Une robe de chambre bien ouatée,
un bon vieux fauteuil permettaient au convalescent de respirer l'air pur et de se ranimer
aux rayons du soleil. La sœur Rosalie lui
envoyait les cadeaux qu'elle recevait de toutes
parts; les fruits, les belles grappes de raisin
mûrissaient pour lui dans le petit jardin des
sœurs; mais aussi c'était à la sœur Rosalie
qu'une fois rendu à la santé il venait faire
sa première visite.

Pendant le cours de la maladie, l'âme n'a-
vait pas été oubliée, et le dimanche suivant
toute la famille allait à l'église remercier Dieu

de lui avoir envoyé un ange pour la sauver.
Si les remèdes échouaient, et s'il fallait
prévoir l'heure de l'extrême séparation, la
bonne sœur redoublait de soins et de prières.
Elle cherchait dans son cœur de ces paroles
inspirées qui ôtent à la mort ses angoisses
et ses amertumes ; à sa voix, les derniers
moments s'illuminaient des célestes joies de
l'espérance.

Elle triomphait des plus obstinés, de ceux
même à qui les fautes de leur vie semblaient
rendre impossible une bonne mort. L'un d'eux
qui avait trempé ses mains dans le sang répandu par la première révolution, après avoir
longtemps résisté, céda enfin à ses soins et
à son affection : il consentit à se confesser.
Comme il arrive toujours, il en ressentit
une immense joie, et ne cessa jusqu'à son
dernier jour d'en remercier Dieu ; il attribuait
sa conversion aux conseils et aux prières de
la sœur, et aussi à une habitude que jusque-
là il n'avait jamais pu s'expliquer. A Nantes,
pendant sa jeunesse, il avait assisté, en y

applaudissant, aux terribles exécutions de 93.
Les nombreuses victimes marchaient à la
mort en chantant un cantique à la Reine des
martyrs : cet homme n'avait jamais oublié
ce cantique, et à travers les incidents variés
de sa vie, restée si longtemps étrangère à
toute pensée chrétienne, à toute pratique
religieuse, il l'avait répété chaque jour, comme
sous l'impulsion d'une volonté supérieure; en
mourant il le répétait encore avec une prière
pour celle qui lui avait ouvert la porte de la
réconciliation et du repentir.

Dans ce quartier si mal famé, aucun malade ne repoussait le prêtre envoyé par la sœur
Rosalie. Plus d'une fois de tristes demeures
se changèrent en maisons d'édification et de
prière. Le repentir et la piété s'emparèrent
des dernières heures d'une vie consacrée au
désordre; et dans les mansardes où la religion avait été si longtemps méconnue, Dieu
trouvait un autel sur le lit d'un malade et
un sanctuaire sur les lèvres d'un mourant.
Ce jour-là il y avait une grande émotion à

la petite communauté du faubourg Saint-Marceau, on regrettait le pauvre qui n'avait plus besoin que de prières, on racontait sa mort édifiante, on recueillait comme héritage sacré ses dernières recommandations : deux ou trois petits orphelins venaient en pleurant à la maison de secours chercher le père, la mère qu'ils avaient perdus : deux ou trois enfants de plus entraient dans la famille de la sœur Rosalie.

Souvent le bien que la sœur avait fait à un pauvre, à un malade, ne produisait pas de fruits immédiats, il semblait tombé sur une terre ingrate, sur un rocher stérile; on en retrouvait le germe encore vivant, lorsque depuis de longues années on le croyait perdu. Dans une des rues les plus misérables du faubourg Saint-Marceau, un vieux chiffonnier enrichi avait abandonné sa femme, et menait la vie la plus scandaleuse; il ne témoignait de bons sentiments qu'à sa fille, qu'il avait envoyée à l'école des sœurs. Sentant sa fin approcher, il fit demander la sœur Rosalie;

5

celle-ci l'avait connu dans ses jours de misère, l'avait soigné pendant les maladies de sa jeunesse ; elle n'en avait plus entendu parler. A son appel, elle accourt, monte un escalier tortueux, dont la rampe était une corde, pénètre dans une chambre obscure, et trouve le vieillard couché au milieu des souvenirs de son ancien état et de quelque apparence de sa fortune présente.

« Ma mère, lui dit-il en l'apercevant, je vais mourir, je veux laisser à ma fille l'argent que je possède, et que d'autres après ma mort pourraient lui enlever, je vais vous le donner, chargez-vous de le lui remettre.

— Mais, mon cher, ceci regarde le notaire ; je vais, si vous le voulez, vous en envoyer un.

— Non, non, je ne veux pas de notaire, je ne connais que vous, je n'ai confiance qu'en vous. Prenez cet argent pour que je puisse mourir tranquille sur le sort de mon enfant. »

La sœur alors lui parle de son âme, lui propose de voir un prêtre, de faire sa paix avec Dieu.

« Je n'ai pas besoin de prêtre, reprit le moribond, pour m'arranger avec Dieu. Vous êtes là, personne ne le représente mieux que vous, et nous pouvons bien traiter ensemble les affaires qui le regardent. »

Il fallut quelque temps à la sœur pour persuader au vieux chiffonnier qu'elle n'était ni notaire ni prêtre ; elle accepta cependant le dépôt qu'il voulait lui confier, et reçut de lui quinze mille francs en billets et en or, qu'il tenait cachés sous sa couverture. En échange de ce service, le bonhomme consentit à recevoir le prêtre, écouta sa parole, purifia sa conscience, se réconcilia avec sa femme, et mourut en paix, remerciant Dieu de lui avoir inspiré la pensée d'appeler la sœur Rosalie à son lit de mort.

CHAPITRE VI.

INSTITUTIONS EN FAVEUR DE L'ENFANCE.

Quels que soient les torts d'un peuple ou d'une époque, la génération nouvelle, au moment de sa naissance, est en dehors de la dépravation générale, et ne sait rien du mal de ses pères. L'âme de l'enfant est une page blanche, et, tout atteinte qu'elle est de la faute originelle, elle est apte à recevoir l'impression de la vérité et de la vertu. C'est par l'enfance que Dieu rend les siècles corrigibles

et les nations guérissables; c'est par elle qu'il
fait pénétrer l'innocence dans le monde, comme
par le malheur, le repentir. Lorsque vous voulez rendre à un peuple les croyances, les idées,
les habitudes qu'il a perdues; lorsque vous
cherchez à réformer ses mœurs, à régénérer
sa vie, ne vous effrayez ni de ses refus, ni
de sa persévérance dans le mal, ne vous dé-
couragez pas si vos efforts ne triomphent pas
de son obstination et de son endurcissement;
il y a là des petits enfants qui ne repoussent
rien, n'ont de parti pris contre personne, croient
à toutes paroles, espèrent en toutes promesses,
et tendent leur cœur à quiconque leur ouvre
ses bras. Dieu les envoie aux familles les plus
perverses pour laisser au bien quelques chances
auprès d'elles, et les confie à la charité pour
la consoler des mécomptes du présent et lui
ouvrir la porte de l'avenir.

Notre temps a compris le parti qu'il pouvait tirer de l'enfance; l'éducation du peuple
est une de ses préoccupations et un de ses
plus importants travaux. La loi, en France,

a fondé des écoles dans toutes les communes, elle appelle les enfants pauvres à recevoir gratuitement l'instruction qui s'y distribue : une telle générosité lui fait honneur; mais l'Église, accusée si souvent d'aimer l'ignorance et les ténèbres, n'avait pas attendu notre siècle pour enseigner que la vérité regarde l'ignorance comme sa pire ennemie, et qu'elle a tout à gagner de la science et de la lumière. Dès son origine elle a ouvert des écoles gratuites jusque dans ses temples, et a institué des ordres religieux dont la mission est d'initier les enfants pauvres aux premières notions des lettres divines et humaines. Seulement deux systèmes se sont disputé l'enseignement du peuple. L'un demande à l'école d'exercer l'intelligence, de lui donner toutes les forces dont elle peut avoir besoin pour agir, sans lui apprendre comment elle doit en user; oubliant que l'instruction, comme toutes les armes mises entre les mains de l'homme, devient protectrice ou meurtrière suivant l'usage qu'ils en font. Cet imprudent système laisse tomber

sur la science les reproches que méritent ses
fausses applications, et fait porter à la lumière
la responsabilité de l'incendie que l'inexpérience ou la mauvaise volonté allume avec
elle.

L'autre système, et de beaucoup le plus
sage, ne sépare jamais le développement de
l'intelligence de la règle à laquelle elle doit
obéir, ne lui livre l'arme qu'en lui assignant
son usage et son but, afin de proportionner
la force à l'œuvre, la science au devoir, et de
maintenir l'harmonie entre les ambitions et
les destinées. Telle a toujours été la doctrine
de l'Église : elle développe la conscience en
même temps que l'esprit, enseigne à la fois
ce qu'on est obligé de faire et ce qu'il importe
de savoir, et met le catéchisme à la suite
de l'alphabet. La sœur Rosalie était, en ma-
tière d'enseignement, du parti de l'Église; elle
ne considérait la culture de l'esprit que comme
un moyen d'arriver au perfectionnement moral,
et le savoir comme l'apprentissage de la vertu.
Les écoles placées sous sa direction avaient à

ses yeux une extrême importance, et elle ne négligeait rien pour faire pénétrer l'instruction dans toutes les familles; mais elle voulait une éducation simple, sérieuse, chrétienne, pro- portionnée aux carrières et à la condition de ses enfants, et n'approuvait pas ce qu'elle appelait l'exagération du programme de l'in- struction primaire : le dessin linéaire, les leçons d'histoire générale et de littérature; tout ce qui s'élevait au-dessus des notions élémen- taires lui faisait peur. Elle regrettait surtout le temps consacré au chant dans les écoles de filles.

« La musique, disait-elle, peut convenir
« aux garçons destinés au contact bruyant
« des autres hommes, aux travaux en com-
« mun et à la vie du dehors; elle peut adou-
« cir les mœurs rudes de l'ouvrier et substituer
« d'honnêtes et pacifiques récréations au tu-
« multe et aux orgies du cabaret; mais elle
« est dangereuse pour les jeunes filles, elle
« les appelle aux réunions nombreuses et
« mêlées, les arrache à la modestie, aux

« devoirs du foyer domestique pour les livrer
« à la curiosité de la foule et aux applau-
« dissements du théâtre. Pourquoi chercher
« à éveiller chez nos pauvres filles des besoins
« et des goûts en contradiction avec la con-
« dition que leur naissance, leur fortune et
« la société leur imposent? Le dessin, le
« chant, tout ce surcroît d'instruction n'est
« bon qu'à les dégoûter de leur aiguille, à
« propager ces idées de délassement qu'il se-
« rait grand temps de réprimer, et qui font
« le tourment de la classe ouvrière : car le
« malheur de nos ouvriers, c'est que personne
« ne veut plus aujourd'hui rester dans son
« état. »

Elle aurait voulu aussi que la ville de
Paris renonçàt à dépenser chaque année une
somme considérable pour payer l'apprentissage des jeunes filles proclamées premières
à la suite d'un concours ouvert entre toutes
les écoles communales. Elle écrivait à un de
ses amis qui s'occupait d'instruction primaire
et d'apprentissage :

« L'apprentissage accordé au concours a
« de graves inconvénients que l'expérience m'a
« fait connaître. La lutte s'établit plutôt entre
« les maîtresses qu'entre les élèves ; il n'y a
« de soins, d'attentions que pour les enfants
« dont on attend un succès, au grand détri-
« ment de la masse, qui a droit à la sollici-
« tude et aux leçons de la maîtresse. Une
« récompense accordée dans chaque école
« sans concours général, sans rien de ce qui
« excite la vanité, d'après le travail soutenu,
« la bonne conduite constatée, entretiendrait
« l'émulation sans faire naître l'ambition et
« la rivalité ; l'argent donné en prix par la
« ville, au lieu d'être inutilement employé
« à payer un apprentissage que la jeune
« ouvrière paie ordinairement avec son temps,
« serait placé à la caisse d'épargne au profit
« de la jeune fille, qui n'en jouirait qu'à sa
« majorité. Une mesure que je crois aussi
« très-utile dans notre quartier, serait de
« faire ramasser les enfants qui errent dans
« les rues pendant les classes. On rendrait

« service aux parents, dont ils trompent la
« surveillance, et on connaîtrait ceux qui
« abandonnent leurs enfants sur la voie pu-
« blique. Voilà des idées qui sont pour moi
« des vérités incontestables. »

Dans les écoles de la sœur Rosalie la tenue
des enfants était remarquable, et on était
étonné de trouver dans les élèves de la rue
de l'Épée-de-Bois une modestie, une réserve,
des habitudes de bienséance et de politesse
qui auraient fait honneur aux rangs les plus
élevés. Si la supérieure excluait de la classe
les hautes études, comme les rubans des
bonnets et les volants des robes, on voyait
que l'esprit de piété, de discipline et d'ordre,
soufflait sur la petite assemblée ; nulle part
les enfants ne lisaient plus distinctement,
l'écriture n'était plus correcte, on ne savait
mieux ses prières ; les robes étaient propres,
les mines intelligentes, les visages ouverts.
La sœur Rosalie allait tous les jours visiter
l'école : dès qu'elle s'y montrait, c'était pour
les jeunes filles un moment de grande émo-

tion, de joie pour les savantes et les sages,
qu'elle se faisait nommer, de honte pour celles
qui étaient punies ; elle allait toujours droit
à la pauvre petite pénitente, debout ou à
genoux dans un coin, et qui fondait en larmes
à son approche ; elle essuyait ses yeux, lui
faisait répéter, en la lui soufflant, la leçon
qu'elle n'avait pas sue, et demandait pardon
pour elle.

« J'ai montré à lire à votre chère maman,
disait-elle souvent dans ses dernières années ;
qu'elle était sage et gentille quand elle avait
votre âge ! elle savait toujours sa leçon ; vous
ferez comme elle, n'est-ce pas ? »

La petite fille promettait, retournait con-
solée à sa place, le soir racontait à sa mère
enchantée ce bon témoignage rendu à sa
jeunesse, et s'efforçait de devenir la première
et la plus sage de l'école.

Dans la rue, si la sœur Rosalie rencon-
trait une enfant, elle lui demandait toujours
à quelle école elle appartenait. Quand celle-
ci lui avouait qu'elle n'allait pas en classe,

elle faisait venir la mère, la grondait de sa négligence, et lui expliquait tous les avantages de l'éducation chrétienne, qui assure aux parents le respect et l'obéissance des enfants, et prépare des soins pieux à leur vieillesse. Quelquefois la mère n'était pas coupable, l'enfant n'avait pu être reçue faute de place ; car, malgré la munificence de la ville de Paris envers l'instruction primaire, les écoles sont loin de suffire aux besoins de la population. La sœur Rosalie prenait alors la petite fille par la main, et la présentant elle-même à la sœur de la classe :

« Trouvez-moi, je vous prie, une petite place pour cette enfant.

— Mais tout est plein, ma mère.

— Cherchez bien ; elle est si mince, il ne lui en faut pas beaucoup, et vous me ferez grand plaisir. »

A la voix de la sœur Rosalie, toutes les élèves se serraient les unes contre les autres, et trouvaient moyen d'admettre dans leurs rangs la nouvelle venue ; car c'était pour

toutes une grande joie de faire plaisir à leur
bonne mère. Celle-ci, en les quittant, allait
visiter les paniers dans lesquels elles apportaient leur goûter, et, à la fin de la classe,
les plus légers se trouvaient plus remplis que
les autres.

Frappée de cette insuffisance des écoles
chrétiennes, et des dangers auxquels elle
expose les enfants pauvres, la sœur Rosalie
poursuivit avec son énergie accoutumée la
création de classes dans la rue du Banquier,
fit un appel à toutes les personnes qu'elle
savait dévouées à la bonne éducation du
peuple, et parvint à réunir la somme nécessaire à cette fondation. A force de démarches,
en faisant agir toutes les influences qu'elle
avait à sa disposition, elle obtint de la ville
de Paris l'adoption de cette école; une maison
de sœurs y fut organisée, trois classes furent
ouvertes. Un ouvroir permit d'associer le travail manuel à l'étude, et bientôt une sœur
de la nouvelle communauté fut chargée de
visiter la population, si malheureuse et si

abandonnée, qui habite en dehors de la barrière d'Ivry, et qui a si grand besoin que la
charité lui apporte des lumières et des secours.

En 1844, la sœur Rosalie voulut étendre
jusqu'à la naissance les soins qu'elle donnait
à sa nombreuse famille ; elle fit établir une
crèche, au-dessus même de l'école, dans la
maison de secours. Cette institution, de date
récente, avait déjà soulevé plusieurs objections
qui ne l'arrètèrent pas : il lui semblait injuste
de reprocher à la charité d'encourager les
mères à négliger leurs devoirs, lorsque dans
la crèche elle les oblige à venir plusieurs
fois le jour allaiter leurs enfants, et ne se
met à leur place qu'à l'heure où le travail
de l'atelier, le commerce ambulant les forcent
de quitter leurs nourrissons. « Pourquoi,
disait-elle, interdire aux pauvres comme un
oubli de la maternité, ce que des femmes
qui n'ont ni leur travail ni leur misère pour
excuse, font chaque jour sans provoquer ni
réclamations ni reproches ? »

Un grand nombre de mères, dans l'intérêt

de leur santé, de leur liberté, et même de
leurs plaisirs, abandonnent leurs enfants à
des nourrices lointaines, se débarrassant sur
des mercenaires du soin de les nourrir de leur
lait, et de veiller sur eux la nuit et le jour.

La pauvre mère du faubourg Saint-Marceau
n'envoie pas loin d'elle son nouveau-né, et
ne refuse pas de veiller la nuit après ses laborieuses journées; seulement elle le confie
dans la crèche, pendant ses absences forcées,
à la plus tendre, à la plus éclairée des vigi-
lances. Quant au danger de réunir dans la
crèche un trop grand nombre d'enfants, et de
les exposer aux maladies qui viennent de cette
réunion, la sœur Rosalie n'en était pas effrayée;
elle comparait les visages frais et roses de
ses petits hôtes au teint hâve et flétri, aux
apparences scrofuleuses des pauvres enfants
étiolés dans les mansardes de leur famille ou
les habitations malsaines des gardiennes, et
se livrait sans scrupule au bonheur d'entourer ces frêles et délicates créatures de soins
et d'affection, de remplacer leurs langes en

6

guenilles, leur lit de sales chiffons, par le linge
le plus blanc, par le plus joli berceau. La
crèche était sa récréation, son orgueil, son
repos, elle la montrait à ses amis, aux étrangers, y montait dès qu'elle avait un moment
de loisir; son apparition mettait tout le petit
peuple en mouvement, il y avait presse autour
d'elle pour demander un baiser, une parole,
un regard; les plus grands se jetaient dans
ses bras, ou tendaient vers elle leurs petites
mains en se roulant à ses pieds et baisant le
bas de sa robe. Elle s'arrêtait devant chaque
berceau, provoquait les sourires, apaisait les
chagrins, essuyait les larmes, soutenait celui
qui essayait de marcher, berçait celui qui
voulait dormir, les embrassait tous, et ne
s'arrachait qu'avec peine aux délices de cette
virginale maternité.

Un jour, elle trouva dans sa crèche un
enfant abandonné, parlant à peine, et qu'on
allait porter aux Enfants trouvés; elle voulut
l'embrasser comme les autres; l'enfant, jetant
ses petits bras autour de son cou, s'écria :

« Maman, maman. » Toutes les caresses et tous les efforts des autres sœurs furent impuissants à lui faire quitter la sœur Rosalie.

« Il m'appelle maman, dit-elle, je ne puis plus l'abandonner. »

Il n'alla pas aux Enfants trouvés, et tant qu'elle vécut, la sœur Rosalie fut pour lui une mère.

Plus tard, elle obtint qu'à la crèche on ajoutât l'asile, et c'était plaisir de voir avec elle manœuvrer ses petits bataillons. En peu de temps, sous l'habile direction des sœurs employées par la ville pour la première fois, à Paris, à cette bonne œuvre, tous les enfants du quartier quittèrent la rue pour l'asile, marchèrent en cadence, s'amusèrent en mesure, firent de l'ordre avec leur agitation et du chant avec leur tapage; ils ne furent plus exposés à végéter dans les ruisseaux ou à mourir sous la roue d'une voiture.

Quelque temps auparavant, la sœur Rosalie avait fondé, dans la maison de secours, une nouvelle œuvre dont elle poursuivit avec persévérance le développement, et qu'elle regardait comme le complément indispensable de toutes les institutions protectrices de l'enfance et de la jeunesse.

———

CHAPITRE VII.

PATRONAGE. — ASILE DES VIEILLARDS.

Depuis longtemps il en coûtait à la sœur
Rosalie de voir ses enfants d'adoption lui échapper immédiatement après la première communion. Le lendemain du jour où Dieu couronnait
lui-même par sa présence les pieuses leçons
de leurs premières années, et prenait possession
de ces âmes bien préparées, commençait pour
elles la dangereuse émancipation de l'apprentissage. La boutique ou l'atelier remplaçait la

classe, et, trop souvent, le travail ou de coupables distractions, la prière. Quelques-unes reparaissaient de temps en temps à la maison de secours, quand la famille était éprouvée par la maladie, le chômage ou la misère; mais, pour le plus grand nombre, le lien qui les avait unies à leurs saintes institutrices, était brisé. Elles ne les rencontraient plus que dans la rue, où quelquefois leur conscience intimidée n'osait plus les reconnaître. Abandonnées sans protection sur une terre mouvante et inconnue, sans conseils pour les avertir, sans bras pour les empêcher de tomber, beaucoup cédaient aux mauvais conseils du voisinage, se laissaient prendre aux piéges cachés, et rejetaient loin d'elles, comme un vêtement puéril, les pieuses habitudes, les douces et sereines récréations de leur enfance.

Quand la fièvre de la jeunesse était tombée, quand elles étaient fatiguées des joies qui agitent et des plaisirs qui corrompent, elles venaient en pleurant se jeter dans les bras de la sœur Rosalie, et étaient accueillies comme

l'enfant prodigue ; mais souvent il était trop
tard, la santé, l'honneur perdus ne se retrouvaient pas, le goût du travail revenait à grand'-
peine, et les années d'égarement pesaient dou-
loureusement sur la vie. On avait souvent con-
seillé à la sœur de fonder un de ces asiles qui
reçoivent les jeunes filles à l'âge de sept à huit
ans, les gardent pendant le temps de l'école et
de l'apprentissage, et ne les rendent à la vie
commune qu'à l'âge où, devenues ouvrières,
elles doivent être en état de se défendre contre
le monde et de suffire à leurs besoins.

La sœur n'avait jamais voulu établir dans sa
maison une institution de ce genre; la dépense
était à ses yeux la moindre des objections; elle
redoutait pour les enfants de son faubourg les
douceurs, les facilités et jusqu'aux soins mater-
nels des orphelinats et des providences. « Les
« internats, disait—elle souvent, ne convien-
« nent pas à un quartier où la vie est si pé-
« nible et si rude. » Les jeunes filles, entourées
de soins dévoués, objet d'une si pure affection,
à qui la vie aurait été rendue si aimable et si

douce, ne pourraient plus se résoudre aux humbles et fatigants devoirs qui les attendent dans leurs familles. Les faire ainsi passer par un régime si opposé à leur avenir, ce serait entrer dans les plus fâcheuses tendances du siècle, encourager le mouvement qui entraîne la jeunesse vers le dédain de la condition originelle, vers la recherche d'une situation supérieure à celle de leurs parents.

L'école ouverte à tout le monde, en développant l'intelligence universelle, fait monter le peuple entier dans l'échelle de la civilisation, et diminue, au profit des mœurs publiques, la rudesse de l'ignorance ; elle élève le niveau général sans déclasser les individus, et maintient chacun à sa place en la rendant meilleure.

Mais les maisons d'éducation populaire qui détachent quelques privilégiés de la masse commune, les retirent du peuple sans leur donner une position supérieure, éveillent des besoins nouveaux et ne fournissent pas les moyens d'y satisfaire : elles ne font souvent qu'aggraver à leurs yeux le poids de leur destinée et leur

rendre plus humiliant et plus pénible le sentiment de leur infériorité sociale. L'excellence
même de l'éducation dans les internats paraissait à la sœur Rosalie un danger pour les
jeunes filles du faubourg Saint-Marceau. Élevées pieusement à l'ombre du sanctuaire, elles
n'y respireraient qu'un air pur, n'entendraient
que d'édifiantes paroles, n'auraient sous les
yeux que des exemples de vertu. Comment, à
la sortie d'un milieu si contraire à celui de leurs
rues et de leurs maisons, supporteraient-elles
l'inconvenance du langage, le sans façon des
manières dans cette atmosphère corrompue, dont
l'habitude émousse la contagion, mais où tout
effarouche la délicatesse et scandalise la piété?

La sœur citait de tristes exemples à l'appui
de sa répugnance : plus d'une jeune fille, sortie
de ces saintes institutions pour rentrer dans
son pauvre quartier, n'avait pas pu se faire aux
privations, aux froissements, aux humiliations
qui succédaient à tant de bien-être matériel et
moral; elle s'était retirée de la maison paternelle
comme indigne de la recevoir, elle avait dédai-

gné sa famille trop mal élevée pour elle,
repoussé les devoirs grossiers du ménage comme
au-dessous de son aptitude; elle avait demandé
au travail solitaire une vie plus élégante et de
meilleur ton; son isolement et ses prétentions lui
étaient devenus un piége, l'ennui avait conspiré
contre son innocence avec les passions, que la
délicatesse des sentiments déguise plus qu'elle
ne calme, elle était tombée victime de la supériorité de son éducation et de son ignorance du
mal : comme ces fleurs délicates dont la tige
naissante a été trop bien défendue contre la
chaleur et le froid, ne peuvent supporter ni la
vivacité de la bise, ni l'ardeur du soleil d'été ;
le moindre souffle les abat, elles se fanent au
plus léger rayon de soleil, à l'atteinte de la première gelée, et meurent à cet air libre où s'é-
panouissent les plantes plus robustes qui ont
grandi sous tous les vents et subi toutes les
températures.

La sœur Rosalie préférait pour ses enfants,
dès leur début dans la carrière du travail, la
condition qui devait être celle de toute leur

vie : à la maison le lit dur, le dîner imparfait, la chambre nue, les pénibles et grossiers
devoirs du ménage, et pour se préparer à l'ouvrage de la journée et s'en reposer, les soins
qu'il faut donner, le matin et le soir, au jeune
frère et à l'aïeule; puis l'apprentissage avec
les exigences, les caprices de la maîtresse,
les taquineries des compagnes, le mouvement
et même les dangers du monde, mais d'où
l'on sort ouvrière habile et exercée. Seulement elle aurait voulu, au milieu de ces actions
si variées, placer le bien à côté du mal, opposer la prière aux paroles malsonnantes, les
bons conseils aux mauvais exemples. Elle
cherchait depuis longtemps un moyen de ne
pas briser violemment les rapports de la jeune
fille avec l'Église et la maison des sœurs, et
d'étendre à son apprentissage l'influence qui
avait protégé son enfance : le patronage des
jeunes ouvrières fut la réalisation de sa pensée. Cette œuvre laisse les jeunes filles dans
leur atelier et dans leur famille pendant toute
la semaine, ne prend de leur temps que les

heures qui n'appartiennent pas au travail, les
réunit chez les sœurs le dimanche pour la pratique de leurs devoirs religieux et de joyeuses
et innocentes récréations, enfin place les années de leur apprentissage sous la protection et
la surveillance de dames chrétiennes. Maintenir la jeune ouvrière dans le milieu où elle
est née, accepter en les purifiant les conditions
où la Providence l'a placée, et n'intervenir
dans sa vie que pour y faire entrer une sainte
et salutaire influence, c'était donner satisfaction entière aux vœux de la sœur Rosalie.

Aussi elle accueillit avec empressement le
projet du patronage, et voulut l'appliquer immédiatement dans sa maison : elle ne se laissa
arrêter par aucune des difficultés qui faisaient
hésiter ailleurs. « L'œuvre est bonne, dit-elle
la première fois qu'on lui en parla; Dieu la
fera réussir, et nous commencerons dimanche
prochain. » Pendant la semaine son admirable
activité prépara tout; elle fit comprendre aux
mères que le patronage serait d'un grand secours pour leurs filles, aux maîtresses qu'il

développerait l'obéissance, l'amour du travail
chez leurs apprenties ; réveilla chez les jeunes
filles le doux souvenir des années passées sous
son aile, et parvint, à force d'habiles combinaisons, à trouver dans la journée d'une sœur
quelques heures à consacrer aux réunions du
dimanche. Sa voix puissante, que personne
n'entendait en vain, persuada aux dames charitables qu'elles ne pouvaient rien faire de plus
utile à leur famille que d'attirer sur elles la
bénédiction de Dieu en le visitant lui-même
dans ses membres, et en gagnant par le salut
d'une âme la santé et le salut de leurs enfants.

Le dimanche suivant, dans le préau et la
cour de la rue de l'Épée-de-Bois, un grand
nombre de jeunes filles étaient réunies ; elles
étaient vêtues avec simplicité et modestie,
elles ne portaient ni chapeaux ni rubans ; on
leur distribuait des livrets sur lesquels les
maîtresses devaient inscrire les notes de la
conduite et du travail de la semaine. Des dames
zélées prenaient l'adresse de leurs parents et de
leurs maîtresses, et leur promettaient une pro-

chaine visite dans leurs ateliers et des récom-
penses à la fin du trimestre. La sœur Rosalie
indiquait aux patronesses le fort et le faible
du caractère de chaque apprentie, les dispositions qu'il fallait encourager, les tendances
que l'on devait combattre. La séance se terminait par des jeux, des rondes, le chant des
cantiques, auquel prenaient part toutes les
sœurs. L'œuvre du patronage était fondée.

Cet exemple résolut toutes les difficultés,
triompha des hésitations; ce que l'on avait
obtenu dans le quartier le plus pauvre avec
les conditions les moins favorables, pouvait
se réaliser partout; l'impulsion, une fois donnée, ne s'est plus arrêtée, et, grâce à l'initiative de la sœur Rosalie, l'œuvre du patronage
voit chaque jour augmenter le nombre des paroisses où elle est établie, et celui des jeunes
filles qu'elle protége.

Au quartier Saint-Marcel l'œuvre a conservé ce puissant mouvement qu'elle reçut à
son origine; les apprenties font une active
propagande, elles ramènent à la réunion des

compagnes que l'on croyait perdues, et, à l'âge où tant d'autres courent imprudemment aux abîmes, près des lieux de plaisir où l'honneur est si exposé, où tant de piéges sont tendus à l'innocence, elles abritent leur jeunesse dans la maison que leur a ouverte la sœur Rosalie, et viennent chaque dimanche y puiser des forces et du courage contre les fatigues et les dangers de la semaine.

Bientôt un complément fut nécessaire. Au moment où les jeunes filles, devenues ou-vrières, et quelquefois maîtresses, échappaient par leur âge et leur position au patronage, la pensée vint de réunir dans une association placée sous la protection de Notre-Dame-de-bon-Conseil, celles qui avaient été le modèle et l'exemple de leurs compagnes; on leur demanda de devenir les guides des plus jeunes, les auxiliaires des dames patronesses, et de remplacer les réunions du dimanche par la visite des pauvres et la pratique de la charité.

La sœur Rosalie fonda dans sa maison la

première association du Bon - Conseil ; elle
voulut en diriger elle - même les associées,
présida à leurs séances, leur donna les familles qu'elles devaient visiter; elle fut leur
maîtresse d'apprentissage dans cet art qu'elle
savait si bien, de soulager beaucoup avec
très-peu de chose, et de centupler le secours
par la manière dont on le donne. A une pareille école les élèves firent de merveilleux
et rapides progrès. La sœur ne pouvait se
lasser de vanter leur zèle et leur intelligence;
elle n'était jamais plus heureuse que lorsque
les associées du Bon-Conseil venaient lui raconter l'emploi de leur dimanche : l'heure
passée auprès d'une malade à écouter le récit
de ses peines, à lui faire une pieuse lecture,
à l'exhorter à la patience; le pain laissé sur
sa table, le morceau de viande glissé dans la
marmite; ou bien la touchante industrie de
deux jeunes blanchisseuses qui, n'ayant ni
argent ni loisir, venaient chaque semaine
chercher le linge d'une pauvre vieille confiée
à leurs soins, et le lui rapportaient à la vi-

site suivante blanchi et raccommodé; la visite
charitable de la jeune ouvrière prise sur les
distractions et le repos du dimanche, la modeste offrande épargnée sur le petit gain de
la semaine, étaient à ses yeux la meilleure,
la plus féconde des charités, celle que Notre
Seigneur recevait avec le plus de reconnaissance, qu'il plaçait dans son trésor à côté
du denier de la veuve et de l'aumône du
Samaritain. Elle espérait et avait déjà recueilli de ces œuvres un grand bien, la persévérance de la jeunesse, la moralisation du
travail, l'union des bonnes volontés contre le
respect humain; elle voyait dans ces associations une pépinière de maîtresses chrétiennes
qui plus tard rendraient à leurs apprenties
la protection qu'elles avaient elles-mêmes
reçue du patronage. C'était pour elle une
grande joie de penser que l'enfant du faubourg Saint-Marceau, autrefois négligée dès
sa naissance, exposée dans sa jeunesse, trouvait maintenant, entre les mains des Sœurs
et sans sortir de leur maison, le secours

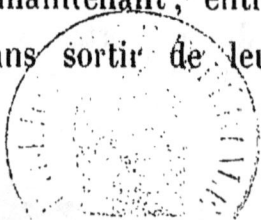

de la crèche, de l'asile, de l'école, du patronage, de l'association du Bon-Conseil, et
marchait ainsi à travers la vie, toujours
appuyée sur la religion et la charité.

Au milieu de ses occupations si multipliées, de ses journées partagées entre tant
d'intérêts et de devoirs, elle avait toujours
le temps de s'occuper des apprenties et des
jeunes ouvrières ; son affection les suivait
dans l'atelier, dans la famille, s'intéressait
à leurs jeux, à leur établissement, à leur
mariage; attentive à la moindre inexactitude,
à la moindre infraction du règlement, elle
s'était réservé le chapitre des avertissements
et des remontrances. Lorsqu'elle venait présider à la réunion, chacune cherchait à lire
dans son doux et pénétrant regard l'appro-
bation qui récompensait mieux que tous les
éloges, ou le tendre reproche qui rendait si
facile le repentir ; une seule de ses paroles a
arrêté plus d'une apprentie sur la pente du
vice, son air triste suffisait pour avertir les
consciences et changer les mauvaises dispo-

sitions, et son souvenir, comme un ange gardien, accompagnait partout les jeunes filles pour se mettre entre elles et le mal.

Lorsque, devenue aveugle, elle ne pouvait plus sortir de sa chambre ou du parloir, elle était encore au milieu de ses enfants par la pensée, se faisait rendre compte de leur conduite et de leur travail, appelait auprès d'elle celles qui avaient besoin d'encouragements ou de réprimandes. A chaque séance du conseil, elle voulait remercier les dames qui lui prêtaient leur concours, et s'entretenait avec elles des moyens de perfectionner et de développer l'œuvre; le dimanche qui précéda sa mort, elle s'occupait encore d'améliorer le règlement.

Une autre forme de la faiblesse humaine attira sa compassion : la vieillesse était dans son cœur à côté de l'enfance, avec ce redoublement de pitié qu'inspirent les maux qui ne peuvent plus guérir. Rien ne la touchait davantage que la destinée de ces pauvres gens qu'elle avait connus pleins de santé et d'énergie, qu'elle

avait vus passer de l'âge de la force et du travail à l'inactivité languissante de la vieillesse,
et qui, tombés sous le poids du malheur encore
plus que des années, s'avançaient tristement
vers la mort. On plaint avec raison ceux dont
un procès, une guerre, une révolution mettent
en jeu la fortune, et qui attendent d'une
lettre ou d'une dépêche le salut ou la ruine
de leur avenir : il n'est pas de supplice plus
cruel que les angoisses de l'attente et les menaces suspendues sur la tête. Le pauvre, celui
surtout à qui la vieillesse ne laisse plus l'espérance d'un sort meilleur, ne sort pas de ces
angoisses. Le matin, il ignore de quoi il vivra
le soir; au commencement de chaque semaine,
il se demande si à la fin il aura une pierre
pour reposer sa tête : nourriture, logement,
vêtements, tout dépend du caprice d'un passant, de la bonne volonté d'un voisin, du succès d'une pétition adressée à un inconnu; à
chaque heure, ce n'est pas le plus ou moins de
bien-être et de fortune, c'est la vie qui est à la
merci du hasard.

La sœur Rosalie aurait voulu arracher le vieillard à ce triste sort et entourer ses derniers jours de soins et de dignité. Elle frappait pour lui aux portes de tous les hospices; mais la concurrence est grande, les rares entrées se font longtemps attendre, et la mort arrive souvent avant l'admission. A force de protections et de démarches, le vieillard parvient encore à obtenir du bureau de bienfaisance, de la charité publique et privée, quelques habits hors de service et le peu de pain qui suffit à l'empêcher de mourir de faim; mais le loyer est son écueil et son désespoir; il a beau borner son ambition à la plus misérable des cellules, se contenter d'un toit qui n'est pas même un abri, le plus affreux réduit dépasse ses ressources; quelque minime qu'elle soit, la dépense quotidienne va toujours au-dessus des revenus de celui qui ne possède et ne gagne rien; le terme arrive sans épargne pour le payer, et donne le signal de l'expulsion et de l'extrême ruine. Il reste alors pour toute ressource à cet homme, que ses cheveux blancs devraient protéger, le coin de la borne, le

corps de garde, ou, ce qui est pis encore, les
infâmes garnis où, pour dix centimes par nuit,
s'entassent et se confondent tous les genres
d'immoralité, de dépravation et de misère.

La sœur Rosalie entreprit d'ouvrir à quelques
vieux ménages un refuge contre une pareille
catastrophe. Lorsque l'asile des petits orphelins
fut transféré à Ménilmontant, elle rassembla
dans la modeste maison de la rue Pascal ce
qu'elle appelait sa cour céleste, de braves et
honnêtes gens à qui la force avait manqué avant
la bonne volonté, et leur assura leur logement
gratuit jusqu'à l'hospice ou la mort.

Logés dans des chambres propres mais sans
aucune recherche, entourés de leur petit mobilier et de leurs instruments de travail, ils eurent
encore quelque chose à faire pour gagner le
vêtement et le pain, et cette nécessité même
les défendit contre l'oisiveté et la tentation du
cabaret. Mais la sœur Rosalie leur donna la
sécurité ; à la fin de chaque jour, et après
un travail proportionné à leur faiblesse, ils
purent s'endormir sans crainte qu'au réveil

un huissier vînt arracher les derniers lambeaux de leur fortune, mettre à l'encan ce que le mont-de-piété avait refusé, et les jeter eux-mêmes à la porte comme un débris dédaigné et inutile.

Dans son asile, la sœur poursuivait encore un autre but, le plus précieux à ses yeux. Sa pitié pour les vieillards allait au delà de cette vie, elle voulait placer entre leur existence, si pénible et si agitée, et la mort, une étape où puisse se reposer leur âme, pour sortir de l'engourdissement et se préparer au grand réveil. Beaucoup avaient oublié dans leur longue carrière les devoirs et la pratique de la vie chrétienne, plusieurs ne les avaient jamais connus : les nécessités de la vie matérielle n'avaient pas laissé de place aux intérêts, aux préoccupations célestes. Cette retraite, sûre et tranquille, les retirait de la foule et du bruit, les ramenait aux saints enseignements, aux idées pieuses, à la prière. Une charité vigilante guettait la plus légère indisposition pour soigner en même temps le corps et l'âme, et ne laissait jamais arriver la mort sans la sanctifier. Entre ses mains, ceux-là mêmes qui avaient le plus mal vécu, se rachetaient par une fin édifiante, et l'asile était devenu comme le portique du ciel et comme le noviciat de l'éternité.

Les dernières années de la sœur Rosalie se sont complu dans son asile des vieillards. La maison de la rue Pascal avait, avec la crèche, sa visite de prédilection. Son cœur se dilatait à la vue de ces refuges ouverts aux deux extrémités de la vie; elle promenait dans ces salles ceux qui venaient la voir, leur racontait l'histoire de chaque ménage, et trouvait moyen en passant d'indiquer quelque bonne action à faire; puis elle adressait la parole à chacun de ses hôtes, les saluait par leurs noms, s'enquérait du travail, de la santé, des enfants, de toute la famille. Ceux-ci, heureux de sa présence, fiers de son intérêt, recueillaient ses paroles avec respect et reconnaissance; plusieurs pleuraient d'enthousiasme et d'attendrissement à la vue de leur bienfaitrice, et cherchaient à lui témoi-

gner leur admiration ; elle repoussait les éloges
et se dérobait aux compliments ; mais on ne
pouvait sortir de cette excursion charitable sans
bénir Dieu et sa servante d'avoir fait à ces
pauvres vieillards un si doux repos.

La dépense de l'asile n'allait pas chaque
année au delà de quelques mille francs ; mais
la maison ressemblait aux pauvres qu'elle
recevait, aucun revenu n'y était attaché,
elle dépendait pour son loyer de la bonne
volonté journalière. Celle-ci ne faisait jamais
défaut. A la fin de chaque trimestre, des
mains cachées venaient régulièrement apporter l'argent nécessaire au suivant. Rien cependant dans cette libéralité ne ressemblait à un
engagement ou même à une promesse ; l'incer-
titude inquiétait la sœur Rosalie. « Je ne
mourrai contente, répétait-elle souvent, que
si je puis donner à cette œuvre un caractère
solide et durable, et assurer aux pauvres
vieillards qu'ils ne seront jamais chassés de
leur maison. » Pendant sa dernière maladie,
quoiqu'elle n'en prévît pas la fatale issue,

elle parla plus d'une fois de l'asile, des craintes qu'elle avait pour son avenir, de son extrême désir de léguer cet héritage à ses vieux amis. Ce fut la dernière pensée, le dernier vœu qu'elle exprima.

Ce vœu n'a pas été accompli; elle est morte sans avoir pu donner à l'asile des vieillards une existence perpétuelle. Sa maison était aussi pauvre qu'elle et menaçait de ne pas lui survivre; mais Dieu n'a refusé cette consolation à sa vie que pour l'accorder à sa mort : il a voulu que son nom fît encore des bonnes œuvres au delà du tombeau. Une maison a été achetée pour recevoir à perpétuité les vieillards du 12ᵉ arrondissement; les protégés de la sœur Rosalie y ont été installés le 1ᵉʳ octobre 1856 ; la maison est placée sous l'invocation de sa patronne. Une souscription ouverte entre ses amis a fourni les premiers fonds; le bureau de bienfaisance s'est généreusement chargé de la plus grande partie de la dépense, et a adopté au nombre de ses institutions l'école de Sainte-Rosalie; l'avenir de l'œuvre est as-

suré; la charité publique et privée, que la
supérieure de la rue de l'Épée-de-Bois a si
bien servie et qui l'a tant regrettée, a élevé
ce pieux monument à sa mémoire.

CHAPITRE VIII.

ACTION UNIVERSELLE DE LA SŒUR ROSALIE.

C'était beaucoup pour une pauvre fille de la Charité d'avoir pu suffire par son intelligence et son dévouement aux devoirs si multipliés que lui imposaient le bureau de bienfaisance, l'école et les œuvres du faubourg Saint-Marceau, et d'avoir préparé à ses malheureux habitants une suite non interrompue de protection et de secours, du berceau à la tombe, de la crèche à l'asile des vieillards. Ce n'était rien pour la sœur Rosalie; elle aimait ses pauvres par-dessus tous les autres, elle avait voulu leur consacrer son temps, ses forces, sa vie; mais l'expansion de sa charité ne put tenir dans ces limites, il fallut qu'elle débordât au dehors, et que la sœur de la Charité de la rue de l'Épée-de-Bois devînt la sœur de la Charité de tout le monde. « Une fille de saint Vincent de Paul, disait-elle, est une borne sur laquelle tous ceux qui sont fatigués ont le droit de déposer leur fardeau. »

La vertu même la plus haute s'abandonne quelquefois à une faiblesse qu'elle prend pour le dernier degré de l'abnégation et du dévouement, cette faiblesse c'est l'exclusion : l'Évangile n'en veut pas. Jésus-Christ est mort pour tous les hommes; pendant sa vie, il les appelait tous à lui, et l'Église, qui permet les préférences suivant le caractère, le goût et les dispositions de chacun, et admet tant de variétés dans les ordres religieux et les œuvres, ne rejette personne de son affection et de sa

sollicitude ; elle repousse l'exclusion comme
l'hérésie de la charité. Mais l'homme se prête
difficilement à cette divine expansion : incapable de tout embrasser dans son cœur, comme
de tout comprendre dans son intelligence, il
ne se contente pas de concentrer sur un seul
point ses forces et son amour; ce qu'il ne
préfère pas, il l'exclut, et croit devoir à ce
qu'il aime la haine et le dédain de tout le
reste.

Cet esprit étroit trahit souvent la cause de
la charité, qu'il prétend servir; il s'élève contre
des fondations qui lui sont étrangères, dans
la crainte de nuire à la sienne, étouffe, faute
d'encouragement, une bonne pensée, arrête
dans son essor une institution utile, et, pour
ne pas diminuer la fortune de son œuvre,
diminue celle des pauvres.

Si quelqu'un avait le droit d'être exclusif,
c'était assurément la sœur Rosalie. La part de
misère qui lui était confiée était assez grande
pour absorber la vie la plus longue et le plus
riche trésor; et cependant, quelle que fût la

rue, la paroisse, la nation de celui qui lui
demandait service et secours, elle ne lui dit
jamais : je n'ai pas le temps; elle ne répondit
jamais à celui qui lui tendait la main : j'ai
mes pauvres. Individus, œuvres, ordres religieux , l'Église, l'État , la société, tout le
monde s'adressa à elle, et tout le monde fut
accueilli; elle fut sur la terre la représentation de la Providence, et réalisa, autant qu'il
était au pouvoir d'une créature humaine, la
promesse de l'Évangile, car elle a ouvert à
quiconque a frappé à sa porte, elle a donné
à tous ceux qui lui ont demandé, et sa charité a répondu à toute voix qui l'appelait.

A peine fut-elle installée dans le faubourg
Saint-Marceau, qu'il se forma entre sa maison et la ville tout entière des rapports,
des correspondances, un courant d'affaires
dont chacune était une bonne œuvre. Ses
pauvres disaient si grand bien d'elle, les premières personnes qui étaient venues du dehors
avaient trouvé si bon accueil, tant de lumières
et d'appui, que bientôt se répandit dans Paris

et même dans toute la France la renommée
du bien qu'elle savait faire, et des services
qu'elle pouvait rendre. Peu à peu, le monde
prit l'habitude d'avoir recours à elle, et de lui
envoyer tous ceux à qui il voulait du bien
et qu'il ne savait comment secourir.

A quelque moment du jour qu'on vînt frapper à la porte de sa maison, elle vous recevait
d'abord avec politesse, puis, dès les premiers
mots, avec affection; elle avait l'air de n'avoir
d'autre affaire que la vôtre, d'autre problème
à résoudre que vos embarras; avec elle aucune position n'était désespérée, aucun mal
sans remède, les nœuds les plus embrouillés
se dénouaient facilement sous ses doigts. Lui
exposait-on une de ces situations difficiles et
compliquées qui déconcertent la charité la plus
intelligente, elle vous écoutait en silence, ne
marquait ni surprise, ni hésitation; faisant
ensuite le partage de tous les besoins et de
toutes les misères entre les personnes et les
œuvres, elle envoyait cet enfant à la crèche,
cet autre à l'école, cette jeune fille en appren-

tissage, ce ménage à Saint-Francois-Régis;
elle ouvrait à une vocation naissante la porte
du noviciat ou du petit séminaire, recommandait le jeune homme pour un emploi, le vieillard pour un hospice, le soldat mutilé pour
une pension, et avait en quelques instants
éclairci la situation et résolu le problème. Puis,
dans la foule qui attendait son audience, elle
avait déjà trouvé des auxiliaires pour toutes
les parties de cette nouvelle œuvre, une influence pour appuyer sa recommandation, des
patronesses pour les enfants, une bourse pour
le séminaire, un secrétaire pour écrire ses
lettres, un facteur pour les porter, car il sortait
de son âme comme un rayonnement de charité, comme une émanation de dévouement
qui pénétrait tous ceux qui s'approchaient
d'elle.

Quelle que fût l'œuvre qu'on offrait à sa
charité, elle ne refusait jamais rien. « Accep-
tons, disait-elle à ses sœurs, tout ce qui se
présente, Dieu nous enverra assez d'argent
et assez de moyens, pourvu que nous en

fassions bon usage. » Toutes les fois qu'elle
avait secouru ou placé quelqu'un, le soin de
son âme venait avec l'intérêt de sa fortune,
elle lui recommandait de revenir, à chaque
visite lui parlait de ses devoirs, et trouvait
moyen sans indiscrétion, sans importunité,
de le maintenir dans ses bonnes habitudes
ou de le ramener au bien. Elle exerçait un
ascendant qui vous suivait partout, et quand
on lui avait fait une promesse, il était difficile de ne pas la tenir. On lui envoie de
Nantes un ouvrier habile qui avait quitté sa
famille pour aller chercher fortune à Paris,
et pour lequel on redoutait fort les entraînements et les mauvais exemples de la capitale. La sœur Rosalie lui trouve immédiatement un travail bien payé, mais elle y met
une condition : chaque semaine l'ouvrier devra
lui apporter une portion de son salaire, destinée à nourrir sa famille; il le lui promet, et
tant qu'elle vécut il ne manqua pas une seule
fois à sa parole.

Elle était pour les pauvres honteux d'une

merveilleuse industrie ; les révolutions, les
vicissitudes du commerce lui en amenaient
de toutes les nations ; ils n'éprouvaient aucune honte à lui découvrir leurs misères,
tant elle semblait leur obligée toutes les fois
qu'elle les priait d'accepter un secours ; souvent même au milieu de la foule qui l'assié-
geait, elle en apercevait un qui, la veille,
lui avait bien timidement exposé par écrit sa
situation, se tenant silencieux dans quelque
coin de son parloir, cherchant à s'y faire
oublier, et n'osant solliciter une réponse.
« Monsieur, lui disait-elle, voici pour quelqu'un qui est bien près de chez vous. Nos
pauvres sœurs sont si fatiguées qu'elles ne
pourraient y aller aujourd'hui, et je désire
que cet envoi arrive bien vite à son adresse :
vous venez à propos pour me rendre ce petit
service. » Et elle plaçait un paquet sous le
bras du visiteur. Celui-ci, empressé de répondre à l'impatience de la sœur, partait immédiatement. Une fois dans la rue, il jetait
les yeux sur l'adresse, c'était la sienne : sous

cette forme délicate, il présentait lui-même à sa famille le secours qu'il n'aurait pas osé demander.

D'autres fois la sœur Rosalie n'attendait pas les lettres et les confidences, elle allait au-devant des malheureux qui se cachaient; les secours pénétraient, sans avoir été demandés, dans les quartiers les plus éloignés du sien. Des familles honorables, victimes d'un changement de gouvernement et rougissant d'avouer leur détresse, après avoir épuisé ce qui leur restait de leur ancienne fortune, étaient sur le point de mourir de froid et de faim, au fond d'un grenier, lorsqu'un paquet, une lettre remise par une main inconnue, les rappelait à la vie et à l'espérance; elles remerciaient Dieu d'avoir entendu leur dernière prière, et se demandaient quel ange avait été sur la terre chargé de les exaucer. Un voisin avait entendu leurs gémissements, surpris leur terrible secret; il avait été raconter sa découverte à la sœur Rosalie. Un jour, le secours était si peu attendu, que, malgré

l'extrême besoin et l'exactitude de l'adresse,
les pauvres gens qui le reçurent ne voulurent
pas y toucher, dans la persuasion qu'il était
destiné à un autre; en vain la dame qui
l'avait apporté leur affirma qu'elle venait de
la part de la sœur Rosalie, et qu'elle ne se
trompait ni de maison, ni de personnes;
étrangers, cachés dans une petite rue, bien
loin du faubourg Saint-Marceau, ne connais-
sant personne, n'ayant jamais parlé de leur
misère, ils n'avaient pas entendu prononcer
le nom de la sœur Rosalie, ils ne pouvaient
croire que sa charité les eût devinés; elle
fut obligée de venir elle-même les assurer
que son secours s'adressait bien à leur détresse.

La jeunesse avait un droit particulier à sa
prédilection, surtout quand elle se présentait
à elle pauvre et courageuse: elle s'intéressait
vivement à la destinée de ces jeunes gens
arrivés à Paris pleins d'illusions et d'espérances, n'y apportant le plus souvent qu'une
ou deux lettres de recommandation et le sou-

venir d'une pieuse mère, et voyant au premier pas se fermer devant leur obscurité et
leur inexpérience ces belles carrières dont ils
avaient rêvé l'entrée facile. On lui en adressait un grand nombre; dès qu'elle apercevait
en eux un germe de bien, son intérêt devenait une véritable adoption, elle leur cherchait
elle-même un logement, une table à bon
marché, ménageait leur bourse légère, faci-
litait leurs études, payait les frais de leurs
examens, puis parvenait à les faire entrer
dans quelque administration, et fournissait
elle-même le cautionnement qu'ils n'auraient
pu donner. Pour ceux-là sa vigilance, sa
générosité ne s'endormaient jamais; elle avait
pour leur bien-être les attentions les plus
délicates : l'un d'eux que la charité envers
le prochain, puisée auprès de la sœur Rosalie,
conduisit à l'amour de Dieu, et qui passa de
la rue de l'Épée-de-Bois dans une communauté, étant d'une santé faible et d'une grande
austérité, la sœur fit promettre à un autre
de ses amis d'aller voir chaque matin s'il avait

du feu, dans la crainte que son esprit de mortification ne lui fît oublier l'hiver. Un autre,
parti de son pays après s'être assuré contre
la chance du tirage à la conscription, se croyait
libre de tout service militaire, lorsque, par
suite de l'infidélité de son remplaçant, il est
arrêté à Paris comme réfractaire, et conduit
à la prison par les gendarmes. La sœur Rosalie
l'apprend, court au ministère de la guerre,
obtient du ministre son élargissement et un
congé de deux mois, qui permet de régu-
lariser sa position. C'est à cette occasion
qu'encore tout émue de ses démarches, et
sachant que le travail de ce jeune homme
était indispensable à sa famille, elle s'écriait :
« J'aurais donné ma vie pour qu'il ne partît
pas. »

Un autre déjà engagé dans un commerce
considérable et qu'elle n'avait jamais perdu de
vue, avait été retenu, plus longtemps qu'il
ne pensait, dans un long voyage ; une lettre
de change d'une somme considérable est pré-
sentée à sa maison pendant son absence ; il

n'avait envoyé aucun argent pour la payer. Sa femme, après avoir frappé inutilement à beaucoup de portes, va trouver en pleurs la sœur Rosalie, lui conte son embarras; la sœur paie immédiatement de ses propres deniers la lettre de change.

Mais sa bonté ne dégénérait pas en faiblesse, et son affection savait, quand il le fallait, s'armer d'une autorité à laquelle on ne résistait pas. Un jeune homme qu'elle avait beaucoup protégé avait mal répondu à ses soins; la sœur lui annonce qu'à sa première faute il quittera Paris. Elle apprend qu'il recommence, elle le fait venir. « Monsieur, lui dit-elle, vous avez un emploi à Constantinople, votre place est payée, voici votre passeport; allez faire votre malle, vous partirez ce soir. » En vain il promet, il supplie, il demande au moins quelques jours pour arranger ses affaires, écrire à ses parents; elle avait tout prévu, elle fut inflexible, et le soir même, ce jeune homme, sur lequel elle n'avait d'autre droit que l'ascendant de son caractère, partait pour Constantinople sans avoir seulement la pensée de lui désobéir.

Beaucoup lui ont dû leur entrée au séminaire et la possibilité de poursuivre leurs études théologiques. Elle était d'une grande prudence quand il s'agissait de vocation religieuse, elle ne connaissait rien au-dessus du saint ministère, et répétait sans cesse que si les religieuses comprenaient la sainteté de leur profession, elles se lèveraient dix fois par nuit pour en rendre grâces à Dieu; aussi ne voulait-elle sur ce point ni légèreté ni précipitation. Elle se défiait des exaltations qui se mettent au-dessus de toutes les remontrances et n'écoutent aucun conseil, de ces impétuosités qui appellent au secours de la vocation la désobéissance et la lutte contre les parents.

Une jeune fille, héritière d'une grande fortune, vint un jour la consulter; elle était décidée à quitter le monde et à se faire religieuse. Un seul obstacle l'arrêtait, sa famille opposait à son projet la plus énergique résistance : pour en triompher, elle avait la pensée de fuir la maison paternelle et de se réfugier dans un couvent. « Mademoiselle, lui dit la sœur Rosalie, permettez-moi de vous détourner, autant qu'il est en moi, du projet sur lequel vous me consultez. Que voulez – vous faire? vous sacrifier à Dieu? Eh bien! ce n'est pas à vous de choisir le genre de sacrifice. Sacrifiez-vous en vous soumettant à une volonté que, dans ses écarts mêmes, votre premier devoir est de respecter. » Mais, dès qu'elle avait reconnu l'appel de la Providence, elle ne négligeait rien pour donner à l'Église un serviteur ou une servante digne d'elle. Les supérieurs des séminaires et des ordres religieux s'en rapportaient à son jugement, recevaient de sa main les novices, et rarement une bourse était refusée aux enfants qu'elle présentait.

Pour maintenir la jeunesse dans le bien, elle avait une méthode plus sûre encore que les services et les recommandations : elle

enseignait à ses protégés à exercer la miséricorde envers leurs frères, et les sauvait
en chargeant leur conscience du salut des
autres.

Elle avait mis la charité à la portée de
toutes les positions et de toutes les fortunes ;
elle demandait à chacun ce qu'il faisait le
mieux, ce qui lui coûtait le moins : à l'un
sa plume, à l'autre son activité, à celui-ci
sa science, à celui-là sa parole, à tous
quelques instants pour aller distribuer des secours, apprendre auprès des pauvres comment
on supporte la mauvaise fortune, comment
on use bien de la bonne, et trouver dans
leurs visites l'explication du mystère que Dieu
a caché dans l'inégalité des souffrances et
des conditions humaines. Quelques-uns, em-
ployés pendant la semaine, ne pouvaient
venir que le dimanche ; elle ne les tenait
pas quittes d'une bonne œuvre. « Vous avez
entendu la messe ce matin, leur disait-elle,
eh bien, renoncez aux vêpres, mettez-vous
là, prenez une plume et servez Dieu d'une

autre façon ; » et elle leur dictait l'arriéré
de sa longue correspondance; puis, enseignant
à ses élèves ce qu'elle savait si admirable-
ment pratiquer, elle éclairait de son expérience leurs premiers pas dans la carrière du
bien; elle leur recommandait la patience,
qui ne croit jamais perdu le temps passé à
écouter le pauvre, puisque celui-ci trouve
déjà une consolation dans la bonne volonté
qu'on met à entendre le récit de ses peines;
l'indulgence, plus portée à plaindre qu'à condamner les fautes qu'une bonne éducation n'a
pas prévenues; et enfin la politesse, si douce
à celui qui n'a jamais rencontré que des dé-
dains et des mépris.

« Oh ! mes chers enfants, leur répétait-
elle souvent, aimez les pauvres, ne les accusez
pas trop. — C'est leur faute, dit le monde :
ils sont lâches, ils sont inintelligents, ils
sont vicieux, ils sont paresseux. — C'est avec
de telles paroles qu'on se dispense du devoir
si strict de la charité. Haïssez le péché, mais
aimez les pauvres. — Si nous avions passé

par les épreuves de ces pauvres gens, si notre enfance avait grandi comme la leur, loin de toute inspiration chrétienne, nous serions loin de les valoir ; car les vertus qui nous sont si faciles coûtent à leur indigence de lourds et perpétuels sacrifices, et pour ne pas mal faire, ils ne sont pas seulement obligés de résister à l'attrait du plaisir, mais à la tyrannie du besoin. Dieu nous rendra responsables de ces fautes que nous reprochons si sévèrement aux pauvres, de leur envie, de leurs mauvaises dispositions contre la société. Il dépend de vous de leur faire bénir vos priviléges et aimer votre supériorité : qu'ils vous trouvent plus affectueux, plus serviables, à mesure que vous êtes plus intelligents et plus riches. Ils vous tiendront compte du chemin que vous aurez parcouru pour vous approcher d'eux, et trouveront un motif de reconnaissance et non d'hostilité dans la distance qui vous sépare. Souvenez-vous, ajoutait-elle, que le pauvre est encore plus sensible aux bons procédés qu'aux secours.

Un des plus grands moyens d'action sur lui est la considération qu'on lui témoigne ; lors même que vous avez quelque reproche grave à lui faire, évitez avec grand soin toute parole injurieuse et méprisante. »

Le mépris, en effet, dont on est si souvent prodigue, est le sentiment le plus opposé à l'esprit chrétien, car il semble nier le plus beau privilége que Dieu ait donné à l'âme humaine, puisque l'innocence n'est pas de ce monde, le pouvoir de se relever et de réparer sa faute. Le mépris, quand il ne provoque pas une haine implacable, justifie aux yeux de celui qui l'accepte sa propre dégradation ; il renonce à des efforts dont les autres le jugent incapable, et ne songe plus à se refuser au mal qu'on lui impute.

Dans la pauvreté, où tout est tentation et épreuves, l'âme a plus besoin que partout ailleurs d'être soutenue par le souvenir de son origine, les perspectives de son avenir et le sentiment de sa dignité ; quand elle est sans cesse courbée vers la terre par les né-

cessités physiques et les impérieuses lois de
la vie animale, l'estime des autres doit lui
rappeler à toute heure que, malgré l'humilité de sa fortune, elle vient de Dieu et
doit aller à Dieu ; que les fautes les plus
graves ne peuvent éteindre la lumière qui
éclaire tout homme venant en ce monde,
et qu'au fond des cœurs les plus dépra-
vés il y a encore quelque chose digne de
respect, la faculté de revenir au bien, le
droit d'effacer la plus horrible tache par une
larme de repentir. Le pauvre est très-sen-
sible à la confiance, à l'estime qu'on lui
témoigne, et il croit à la sincérité des éloges
parce qu'il n'a pas l'habitude d'être flatté ; une
parole d'intérêt le gagne, un mot d'encouragement le transporte ; il est capable des
plus généreux efforts pour mériter la bonne
opinion qu'on lui témoigne, et quand on lui
dit qu'on attend de lui une grande chose,
il la fait.

La sœur Rosalie voulait qu'à l'expansion
de la charité, toujours prête à se donner,

s'associât la prudence qui en tempère l'ardeur et en règle l'exercice ; elle craignait les erreurs, dont la découverte refroidit le zèle et fournit un prétexte à l'égoïsme, et cherchait à prémunir ses élèves contre l'ostentation, l'exagération de la misère, et toutes ces formules de désespoir qui réussissent presque toujours la première fois, et se renouvellent trop souvent pour être sincères. Il y a des gens qui demandent secours le pistolet à la main; ils vous menacent, non de vous tuer, mais de se tuer eux-mêmes, et arrachent l'aumône bien moins à la pitié qu'à la peur d'être complice d'un suicide. « Ceux qui parlent si facilement de se suicider, je ne les crois pas, disait-elle ; s'ils voulaient le faire, ils en parleraient moins. »

Elle exigeait surtout une extrême circonspection, une grande délicatesse dans l'action religieuse que l'on devait exercer sur les pauvres, de peur que le désir trop vif de ramener au bien ne provoquât l'hypocrisie, et que le secours ne devînt l'appât ou le salaire

d'une conversion menteuse. Elle réprimait aussi
le zèle trop vif de ceux qui oubliaient devant
leurs pauvres ce qu'ils devaient à leurs ouvriers et à leurs fournisseurs. « Il faut, disait-
elle, payer ses dettes avant de faire l'aumône,
et être juste avant de se montrer libéral. »

La jeunesse ardente et pieuse écoutait avec
avidité ses enseignements, se répandait à sa voix
dans tout le quartier, et y portait, avec le secours, comme un écho de sa pensée. En se présentant au nom de la sœur Rosalie, les visiteurs
voyaient les fronts s'épanouir, ils passaient de
douces heures à parler avec les pauvres de celle
qui les avait envoyés, et revenaient toujours de
leurs courses pénétrés d'une plus grande compassion pour les malheureux, d'une plus grande
admiration pour la sœur. Quelquefois on voyait
réunis dans son cabinet des jeunes gens appartenant à toutes les écoles et aspirant à toutes
les carrières, étudiants en droit et en médecine,
élèves de l'école Normale et de l'école Poly-
technique, chacun venant chercher une bonne
œuvre ou en rendre compte. « Je les ai tous

« réunis, s'écriait-elle avec joie, pour le ser-
« vice de Dieu ; ils ont tous travaillé pour sa
« gloire : quelle bonne journée pour eux ! »

Elle obtenait des pauvres eux-mêmes quelques bonnes œuvres, et c'était son moyen le
plus efficace pour les améliorer. Un renseignement à chercher, une course à faire, un malade
à veiller, un enfant à conduire : tous ces petits
services à la portée de leur misère les com-
blaient de joie ; ils étaient fiers de la mission
qui leur était confiée, et se sentaient plus reconnaissants encore du bien qu'il leur était permis
de faire que de celui qu'ils avaient reçu. Mais
la sœur Rosalie appliquait surtout sa méthode
aux riches qui venaient si souvent lui demander
la charité. Beaucoup de ceux qui arrivaient
chez elle des quartiers lointains et élégants
avec tout l'appareil du luxe, ne lui étaient pas
amenés par le désir de soulager les souffrances
des autres, ils portaient au fond de leur cœur
une plaie cachée, et avaient besoin qu'une main
délicate versât un peu d'huile et de baume sur
leurs blessures. Souvent aussi, venus pour sol-

liciter la supérieure de la rue de l'Épée-de-Bois
en faveur d'infortunes étrangères, des hommes
que leur position semblait mettre bien au-dessus
de la pitié, cédaient à la confiance qu'elle leur
inspirait, et lui révélaient le secret de leurs
propres misères.

Quelle que soit, en effet, l'apparence du
bien-être et des joies de ce monde, aucune vie
un peu longue ne s'est passée sur la terre sans
blessure et sans douleur; il n'est pas de fortune
qui mette à l'abri des détresses morales, il
n'est pas de bonheur qui n'ait un jour besoin
de consolation. D'ailleurs, à défaut de malheurs
réels, il y a la faim des âmes rassasiées, la
fatigue qu'entraîne l'inaction; il y a l'ennui qui
vient sans cesse rappeler aux heureux de ce
monde le vide des jouissances humaines, et fait
amèrement sentir à ceux qui n'ont rien à dési-
rer le dégoût et l'inutilité de leur existence. La
sœur Rosalie avait compassion des souffrances
de ceux qu'on envie. « Mes sœurs, disait-elle
« souvent après de longs entretiens, si on con-
« naissait la misère de cœur des gens riches, on

« en aurait grande pitié. » A l'aveu de ces maladies morales, elle n'opposait ni l'impuissance
du raisonnement, ni les banalités de la sagesse
humaine; mais elle choisissait parmi ses pauvres
quelques-unes de ces familles que Dieu a affli-
gées de toutes les calamités et dont il a fait
comme le sanctuaire de la souffrance, et elle
conduisait à leur porte le malheur ou l'ennui.

A la vue de ces extrémités, et souvent de la
résignation qui les supportait, le visiteur ou-
bliait sa tristesse, il n'avait plus le courage de
s'apitoyer sur son propre sort, sa compassion
avait changé d'objet, il sortait l'âme remplie
d'une autre douleur que la sienne. En faisant
lui-même l'expérience de la consolation qu'ap-
portent au milieu du plus affreux désespoir
une parole affectueuse, un léger secours, un
serrement de main, l'homme blasé ne demandait plus ce qu'il pourrait faire de son loisir et
de son argent; sans qu'il s'en doutât, la destinée
de ces pauvres gens se mêlait à la sienne; il
voulait aller plus avant dans leurs besoins,
multipliait, pour les sauver, les combinaisons,

les démarches; il avait retrouvé une occupation à ses journées, un intérêt à sa vie; il devait à ses pauvres plus qu'il ne leur avait donné.

De grands personnages se sont ainsi consolés des rigueurs de la politique et des déplacements qu'entraînent les révolutions. Rien n'apaise plus les agitations de l'esprit de parti et les regrets de l'ambition déçue, que de mêler un peu sa vie à celle des pauvres. Vu du faubourg Saint-Marceau, le monde prend une autre figure, les intérêts ne sont pas les mêmes, l'importance des choses se classe autrement. Il y a de grandes émotions, de grands enseignements moraux dans la familiarité avec la misère; on y trouve aussi d'utiles leçons politiques; plus d'un homme d'État se serait épargné de grands mécomptes s'il avait quelquefois regardé la société d'une lucarne de la rue Mouffetard ou de la petite fenêtre de la rue de l'Épée-de-Bois.

Plusieurs prélats déjà illustres et qui occupent les premiers rangs dans l'Église de France, ont parcouru, jeunes hommes, le faubourg Saint-Marceau sous la direction de la sœur

Rosalie, ont appris d'elle le secret de leur vocation, et se sont initiés, en veillant sur quelques
familles, au gouvernement d'un diocèse. L'un
d'eux qui vient d'aller recevoir la récompense
d'une charité dont, sur la terre, il a été victime,
Mgr Dupuch, annonçait déjà cet amour des
pauvres auquel il devait sacrifier tout, jusqu'au trône épiscopal de saint Augustin. La
sœur Rosalie lui reprochait déjà de ne pas savoir
compter.

« S'il devient évêque, disait-elle en riant,
il y dépensera sa crosse et sa mitre. »

Un jour elle reçut un mot de lui, la suppliant
de lui envoyer de quoi se vêtir; le matin même,
surpris dans son lit par un pauvre dont les
haillons couvraient mal la nudité, il n'avait
pu lui refuser son habit et son pantalon, les
seules choses qu'il n'eût pas données dans les
visites de la veille.

L'obligeance et l'activité de la sœur Rosalie
répondaient à toutes les formes du bien, et celui
qui aurait suivi les incidents d'une de ses journées, écouté les détails de son énorme corres-

pondance, aurait découvert des variétés incon-
nues de travaux et de services: elle arrivait à des
résultats qui paraissaient impossibles. Un jour,
une jeune personne s'échappe d'une ville loin-
taine, on la soupçonne d'avoir été se cacher à
Paris sous un nom supposé et sous une détes-
table influence; on écrit, on la réclame, la
police y perd ses recherches et ne peut découvrir la moindre trace de ses pas; un ecclésiastique, consulté par la famille au désespoir, lui
dit : « Il n'y a que la sœur Rosalie qui puisse
« vous rendre votre fille. » Et, en effet, après
quelques jours, la fugitive est retrouvée; la
sœur la fait venir, lui parle avec cette autorité
qui triomphe des plus mauvais instincts. A la
fin de la conférence, la coupable demande elle-
même à aller dans une sévère retraite expier
sa faute. La sœur Rosalie l'y conduit, veille
sur elle, encourage sa bonne volonté, soutient
son repentir, et bientôt la renvoie à sa mère
réconciliée avec Dieu et la vertu. Elle ne s'arrêta pas en si bon chemin. Furieux de se voir
enlever sa victime, l'auteur de tout le mal

arrive rue de l'Épée-de-Bois, l'injure et la menace à la bouche; la sœur fait tomber sa fureur
d'un mot et d'un regard, et lui représente ses
torts avec une telle force, une si grande majesté,
que la honte succède à la colère; le malheureux se trouble, baisse la tête sous la puissance
de cette parole inspirée, reconnaît son crime et
supplie la sœur de l'aider à le réparer.

En un moment, en une seule visite, elle
gagne la confiance d'un vieillard malade qui,
livré à un funeste ascendant, avait éloigné sa
famille et résisté aux plus pressantes représentations; revenu aux sentiments de ses devoirs et de la justice, il la charge de remettre
à son légitime héritier des sommes considérables qu'il tenait cachées aux yeux de tous
pour les léguer à d'indignes mains. Elle corrige
si bien un homme riche de sa tendance à l'ava-
rice, que chaque semaine elle reçoit de lui
une large aumône pour les pauvres, et, un jour,
en obtient le salut de toute une famille.
Un charretier venait de perdre le cheval
qui composait toute sa fortune; sa femme,

ancienne élève de la sœur Rosalie, vient tout
en pleurs lui raconter le désastre, l'impossibilité de le réparer, et le désespoir du pauvre
homme, qui, la tête égarée, maudissait la
Providence et parlait d'aller se jeter à l'eau.
La sœur court chez l'homme qu'elle avait
rendu charitable, lui expose le malheur ar-
rivé à cette famille laborieuse, et fait si bien,
qu'à la place du cheval perdu elle en gagne un
plus beau et meilleur; elle voulut l'accompagner jusqu'à l'écurie du pauvre charretier.
Jamais elle n'avait marché si vite et n'avait été
plus heureuse.

Son art était merveilleux pour obtenir de
chacun une bonne œuvre de la manière qui
lui était le plus agréable. Une dame étrangère,
riche, pieuse et qui l'aimait beaucoup, avait
pour certaines fleurs une prédilection mar-
quée; la sœur en fit profiter un jardinier de
son voisinage menacé de manquer de pain
par l'interruption de son commerce : elle lui
commande un immense bouquet, en indique
la composition, et lui donne rendez-vous à

l'heure où elle attendait la dame étrangère.
A l'arrivée de celle-ci : « Voici, lui dit-elle,
un brave homme qui veut vous présenter un
bouquet de son jardin; je lui ai promis qu'il
serait accueilli avec bonté. »

A la vue des fleurs qu'elle aime, la dame
se récrie sur la beauté du bouquet, félicite
le jardinier de son bon goût et de l'heureux
choix de ses fleurs, et lui remet en échange
une somme suffisante pour nourrir quelque
temps sa famille.

Une autre fois, comme une jeune personne
venue avec sa mère s'extasiait sur la beauté
d'un petit enfant nouveau-né, « La Providence
vous le présente elle-même, lui dit-elle, pour
que vous soyez la marraine. » La jeune fille
hésitait devant la responsabilité de l'engagement. « Ne craignez rien, Mademoiselle, reprit
la sœur, Dieu ne vous en parlera jamais que
pour vous en remercier. »

Les hommes qui par leurs doctrines paraissaient les plus opposés aux idées, aux croyances
de la sœur Rosalie, se laissaient gagner par son

influence; les plus sceptiques sentaient tomber
leur défiance devant cette vie si pure : quand
ils avaient vu la sœur Rosalie, ils ne pensaient
plus à nier la vertu, et commençaient à croire
en elle pour arriver à la croyance du Dieu qui
l'inspirait; ceux-là mêmes qui ne parvenaient
pas à la foi, se faisaient les ardents disciples
de sa charité. Dès qu'elle reconnaissait en eux
un esprit droit et élevé, un amour sincère du
bien, elle acceptait leur amitié, les associait
à ses œuvres, et réussissait souvent à ramener le calme et l'espérance dans des âmes
fatiguées de leurs doutes et dégoûtées de leurs
systèmes. Les caractères les plus indépendants,
les plus rebelles à la confiance, obéissaient
à son autorité : quand il fallait obtenir d'eux
ce qu'ils avaient refusé à toutes les instances,
on allait chercher la sœur Rosalie, qui n'était
jamais repoussée.

« Leuret (1) était mourant, longtemps il

(1) *Notice sur François Leuret*, médecin en chef à
l'hospice de Bicêtre, par Ulysse Trélat, médecin en
chef à l'hospice de la Salpêtrière.

résista aux prières qu'on lui adressait de laisser
venir sa famille, à laquelle il voulait dérober
la vue de ses souffrances; il n'accorda enfin
cette grâce qu'à la demande de la sœur Rosalie, qui, l'ayant vu à l'œuvre dans le choléra
de 1832, lui avait voué l'estime la plus haute.
Quant à lui, le sentiment dont la charité infinie et les vertus éminentes de la sœur Rosalie avaient pénétré son âme, était un véritable culte; il n'honorait personne autant que
cette mère des pauvres, qui ne connaît d'autres
titres à la compassion et au secours que la
faiblesse, la douleur et la faim, et qui laisse
à Dieu le soin de juger le reste; dans son
amertume et dans sa faiblesse, il n'avait jamais
trouvé de consolation puissante et de force
que près de cette fille de saint Vincent de
Paul, dont la foi est assez profonde et assez
sûre d'elle-même pour n'avoir pas besoin
d'éprouver celle des autres ni d'en douter.
C'étaient ces ménagements et cette tolérance
infinie qui avaient attiré, sans la convertir,
une âme peu facile et quelquefois rebelle...

Le nom de cette digne sœur est un des derniers que prononcèrent avec vénération les lèvres de celui qui n'avait jamais prodigué l'éloge. »

Son ascendant s'exerça un jour dans une circonstance où il y allait de la vie d'un homme, et où il fallait fléchir une autorité qui ne la connaissait pas. En 1814, pendant l'occupation étrangère, une troupe russe occupait le marché aux chevaux; le bruit se répand dans le quartier que pour une faute grave contre la discipline, un soldat a été condamné à mort et que la sentence va être exécutée. Ce bruit parvient aux oreilles de la sœur Rosalie; elle prend avec elle une vieille femme, traverse le camp russe, et demande à parler au général. Introduite à l'instant, elle se jette à ses pieds et le supplie de faire grâce à cet homme.

« Vous le connaissez donc et vous l'aimez donc bien ! s'écria l'officier, en voyant l'ardeur de sa prière.

—Oui, je l'aime, répondit la sœur; je l'aime

comme un de mes frères racheté par le sang de notre Seigneur Jésus-Christ, et je suis prête à donner ma vie pour sauver la sienne. »

La grâce du condamné fut accordée à ses charitables instances, et la sœur retourna bien vite à la maison de secours tout étonnée de ce qu'elle venait de faire, et comme effrayée de son audace.

Souvent des personnes du monde venaient chez la sœur Rosalie, non pour lui demander ou lui apporter un secours, mais pour l'affaire la moins importante, le plus insignifiant des renseignements, et, gagnées par le charme de sa conversation, s'oubliaient à causer avec elle. En les voyant demeurer si longtemps pour de si faibles résultats, on était tenté de blâmer la sœur de son extrême condescendance, et d'accuser les élégantes visiteuses de dérober inutilement aux pauvres son temps et son attention ; mais cet entretien n'était pas perdu ; la visite n'avait pas été stérile ; ce qu'elle avait vu, ce qu'elle avait entendu de la

misère avait éveillé dans le cœur de la jeune
femme des idées nouvelles, des scrupules
qu'elle ne soupçonnait pas. Elle revenait à
la maison avec une certaine inquiétude sur
la légitimité de ses dépenses, avec un trouble
dans la conscience sur l'emploi de sa fortune; elle avait appris dans la rue de l'Épée-
de-Bois combien l'argent d'un de ses caprices aurait pu apaiser de souffrances,
combien de familles, au prix d'une coû-
teuse inutilité, auraient échappé aux angoisses de la misère et de la faim ; elle
avait entrevu quel compte Dieu lui de-
manderait un jour, à elle, fille du christia-
nisme, élève de l'Évangile, de ces recherches
de table, de ce luxe d'un seul diner, qui
aurait nourri pendant plusieurs mois des
ménages entiers, de cette magnificence de
toilette, étalée dans un seul bal, qui aurait
vêtu pendant un hiver toute une population.
A l'avenir, elle faisait dans sa bourse la part
des pauvres plus large, et quand on lui
demandait son concours ou son argent pour

une des bonnes œuvres qui vivent de la
bonne volonté de tous, et qui demandent à
chacun un si léger sacrifice, elle ne gé-
missait plus sur leur grand nombre et leur
importunité.

———

CHAPITRE IX.

ŒUVRES ET CONGRÉGATIONS.

La sœur Rosalie agissait avec les œuvres comme avec les personnes ; celles qu'elle dirigeait dans son quartier, ne l'empêchèrent jamais de prêter son concours à toutes les autres. Le monde est plein d'esprits trop prévoyants, qui dans le gouvernement des choses humaines représentent la négation ; dans tout ce qui est nouveau, ils ne voient que l'obstacle, ne sont frappés que de l'objection, et

prennent toujours la difficulté pour l'impossible. A les entendre, l'immobilité serait la
loi de ce monde, et on ne tenterait rien par
la peur de ne pas réussir.

La charité a aussi ses amis timides et ses
partisans inactifs. Comme depuis quelques
années elle a été entreprenante et a créé
beaucoup d'œuvres, comme elle va toujours
en les multipliant, leur prudence s'effraie de
cette fécondité ; ils voient dans chaque œuvre
nouvelle la ruine des anciennes, et, pour lui
éviter une chute, ils voudraient couper les
ailes de la charité.

La sœur Rosalie n'avait dans l'esprit ni
témérité, ni tendance aux aventures ; elle
ne courait jamais à la lueur vacillante de
l'imagination, et dans tous ses jugements,
la raison était sa loi; mais aucun esprit n'était
moins négatif. Sa sagesse était active, sa
merveilleuse intelligence apercevait du premier coup d'œil les difficultés des choses,
non pour s'y soumettre, mais pour en triompher. Elle rejetait absolument les projets

sans portée, sans utilité réelle, qui viennent de la vanité, du désir du bruit, ou de l'agitation d'un esprit malade, et qui sont obligés pour vivre d'appeler à leur secours le bal ou la comédie.

« Je n'aime pas, disait-elle, qu'on force le diable à faire l'aumône à Dieu. » Mais ses conseils et son influence étaient toujours au service des institutions dont la pensée était pure et le but vraiment charitable, et on retrouve sa main et son génie à l'origine des principales œuvres de notre temps.

Elle encourageait ceux qui s'occupaient de les fonder, les remerciait de leur peine, et les engageait à ne jamais se laisser arrêter par les contrariétés inséparables de tout commencement. « Faites le bien, et laissez dire, » répétait-elle. Souvent même l'idée de l'œuvre venait d'elle. Lorsqu'elle avait besoin d'ouvriers pour la réaliser, elle avait un tact admirable pour découvrir les plus capables, et donner à chacun la part qui lui convenait le mieux dans la fondation du nouvel édifice.

Elle savait tirer trop bon parti de la moindre
aptitude, du plus petit dévouement, pour
ne pas approuver le système de l'association,
qui demande à chacun le peu qu'il lui est
possible de donner, et lui ouvre en échange
un vaste et riche trésor. Elle applaudissait à
toutes les utiles et sages applications de ce
principe.

A ses yeux il ne fallait rien moins que
toutes les forces de la charité publique et
privée pour lutter contre l'invasion du paupérisme : le concours de l'Église, de l'État,
des associations, des particuliers, lui paraissait indispensable contre un si terrible ennemi. Elle ne comprenait pas sur ce terrain
les rivalités, les oppositions, les jalousies et
la peur de voir les secours de l'aumône se
tarir par la multiplication des œuvres. La
charité est comme Dieu, plus on lui demande, plus elle donne; partout où se fonde
une œuvre vraiment utile, se découvrent
pour la soutenir des moyens inespérés, des
ressources inattendues; partout où la charité

sème un grain de sénevé, sort immédiatement un grand arbre.

Quant au reproche adressé quelquefois aux
associations charitables, de prendre la place du
clergé et de substituer auprès des pauvres le
simple fidèle à son pasteur, la sœur Rosalie le
comprenait moins encore. L'Église, qui prêche
à tous l'amour des pauvres, ne peut s'effrayer
du succès de sa prédication, et craindre de rencontrer ses enfants auprès des malades, des
orphelins, des vieillards, lorsqu'elle leur enseigne tous les jours que le ciel appartient à
ceux qui visitent les malades, les vieillards et
les orphelins. La sœur conseillait à tous les
jeunes gens de s'associer à quelques-unes des
œuvres; elle était heureuse de voir entrer de
plus en plus dans les habitudes de la vie
catholique une des plus instantes recommandations de l'Évangile.

En 1840, les fondateurs de l'œuvre des pauvres
malades vinrent lui apporter la première pensée
de cette résurrection d'une des créations de saint
Vincent de Paul; elle accueillit avec joie cet

héritage paternel, et retrouva dans son cœur les traditions de son saint patron.

Les dames des pauvres malades prirent chez elle les premières leçons, et commencèrent dans la paroisse Saint-Médard contre la maladie la sainte croisade, qui s'étendit depuis à tant de paroisses. A cette bonne école, elles s'habituè- rent à saisir dans la vie du pauvre le moment où il a le plus besoin de secours, où il est le mieux disposé à en profiter et à lui faire arriver, avec le soulagement du corps, les pa- roles et les sacrements qui guérissent les âmes. Elle concourut puissamment, en 1826, à la création et au développement de la société de Saint-François-Régis, et lui donna l'hos- pitalité dans sa maison. Elle était l'amie de M. Gossin, son pieux fondateur, et l'avait fort encouragé ; aucune œuvre ne lui semblait ré- pondre mieux aux misères et aux égarements du temps présent. Elle en éprouvait sans cesse l'heureuse influence, et se plaisait à rap- peler combien cette œuvre avait rendu de familles à l'État et à l'Église, purifié de nais-

sances et répandu de bénédictions sur son
quartier, en remplaçant, dans un si grand
nombre de maisons, l'immoralité du désordre
par l'autorité de la loi et la sainteté du
sacrement.

Quand la Société philanthropique confia aux
sœurs de la Charité, dans plusieurs quartiers
de Paris, la direction de ses fourneaux écono-
miques, elle en établit un dans la maison de la
rue de l'Épée-de-Bois. C'était un grand plaisir
pour la supérieure de faire elle-même la distribution des soupes ; elle y passait souvent
de longues heures, s'entretenait avec les ouvriers qui venaient chercher leur portion de riz
et de haricots, et, par l'intérêt qu'elle leur
témoignait, parvenait à leur arracher le secret de leur misère morale et physique; souvent ces braves gens emportaient avec leur
soupe un bon conseil et une pieuse idée; car
tout était pour la sœur Rosalie une occasion
d'avertissement et de leçon. Le prédicateur ne
montait jamais en chaire, le maître ne se faisait pas sentir ; mais sa parole affectueuse,

appropriée à chacun, pénétrait doucement dans
les cœurs, et y faisait son chemin : l'audi-
teur se trouvait persuadé avant d'avoir dis-
cuté, il était vaincu sans avoir seulement
songé à se défendre.

La distribution des soupes représentait à la
sœur les agapes des premiers chrétiens; elle y
appelait ses compagnes, pour les récompenser
de quelque surcroît de travail, de quelque
effort de dévouement. « Saluons, leur disait-
elle en entrant dans la salle, les anges, qui
sont fiers de conduire les pauvres en qui Dieu
réside. »

Lorsque la société de Saint-Vincent-de-
Paul, ignorante de sa destinée, se rassembla
pour la première fois dans une petite chambre,
trop grande encore pour le nombre de ses
membres; lorsque cinq ou six jeunes gens
qui avaient sauvé leur foi des influences
antireligieuses de l'époque, voulurent placer
leur croyance battue par la tempête sous la
sauvegarde de la charité, ils allèrent trouver
la sœur Rosalie. Elle les connaissait tous et

avait déjà fait faire à plusieurs l'apprentissage de leur œuvre : elle leur indiqua les familles qu'ils devaient visiter, dirigea leurs premiers pas dans cette carrière que Dieu devait tant agrandir, et ne cessa jamais de s'intéresser à leurs progrès. Elle voulut avoir une conférence dans sa paroisse; elle en était l'âme, la soutenait de ses avis, souvent même de ses secours, et trouvait dans chacun des associés un auxiliaire et un serviteur dévoué.

En voyant tant de pauvres gens ramenés à l'Église par les soins de cette conférence, tant d'enfants envoyés aux écoles chrétiennes, tant d'ouvriers enrôlés dans de pieuses associations, en voyant surtout les membres de la société de Saint-Vincent-de-Paul se soutenir les uns les autres contre les faiblesses du respect humain, suivre la loi qu'ils enseignaient à leurs pauvres, pratiquer les vertus qu'ils leur prêchaient, elle bénissait ces jeunes gens, et remerciait son saint patron d'avoir laissé tomber sur eux un souffle de son esprit et un rayon de sa charité.

Il est une œuvre plus difficile, plus délicate que toutes les autres, et qui a besoin
de la sainteté la plus haute comme du plus
ferme courage ; celle-là ne désespère pas de l'a-
pôtre qui a trahi le Seigneur, et elle se donne
pour mission d'aller le chercher jusqu'au fond
de l'abîme, jusque dans les impurs sentiers
de l'apostasie, pour l'arracher au scandale et
au désespoir de sa trahison.

La sœur Rosalie, qui ne se lassait jamais
de poursuivre les brebis les plus égarées, et
qui, comme le Sauveur, savait si bien les
rapporter repentantes au bercail, avait reçu
de Dieu un don particulier pour agir sur
les natures rebelles, et faciliter leur retour.
Chargée souvent par les bons pasteurs d'aller
à la recherche de ces mercenaires qui avaient
abandonné leur troupeau, elle ne reculait
devant aucune démarche, aucune fatigue,
employait avec une habileté pleine d'énergie
le fer et le feu contre les plaies gangrenées,
tranchait hardiment les complications les plus
inextricables, et réussissait presque toujours

à relever le prêtre tombé et à ramener l'apôtre infidèle aux pieds de son maître.

Cette disposition à tout accueillir, à tout seconder, la sœur Rosalie l'appliquait avec un zèle extrême à la prospérité des ordres religieux. Comme saint Vincent de Paul, elle était l'amie, l'auxiliaire de toutes les congrégations, et ne songeait qu'à leur prospérité et à leur gloire. Toutes auraient pu dire ce qu'un saint religieux disait au nom de son ordre, en apprenant sa mort : « Nous ne pourrons jamais la remplacer. »

Toutes les fois qu'une congrégation venait s'établir à Paris, les sœurs s'adressaient à la sœur Rosalie pour avoir conseil et assistance. Sa maison leur était ouverte; dans leurs embarras et leur inexpérience, elles trouvaient toujours ses lumières et son appui; il leur semblait qu'elle était de leur ordre, et qu'en l'écoutant elles entendaient la parole de leur supérieure. Elle accueillit ainsi les dames Augustines, venues à Paris en 1827, et leur envoya leur premier dîner. En souvenir de cette charité, chaque année, à l'anniversaire de ce jour, le même dîner est servi sur la table du couvent. Elle rendit plus tard un service semblable aux dames de la Croix.

Si quelque division s'élevait dans une communauté, l'intervention de la sœur Rosalie était réclamée; sa parole, si calme, si persuasive, ramenait l'accord et la conciliation, et faisait tout rentrer dans l'ordre.

En 1846, cinq sœurs polonaises de Saint-Vincent-de-Paul s'échappèrent de Wilna, où elles étaient prisonnières dans leur maison, et arrivèrent à Paris sans avoir rien pu emporter de ce qu'elles possédaient. Placées dans le voisinage de la sœur Rosalie, dès qu'elles l'eurent vue, elles n'eurent plus aucune inquiétude sur leur avenir. Elle se montra leur amie la plus dévouée, partagea avec elles son mobilier, ses ressources, alla les voir tous les jours pour savoir ce qui leur manquait, et les conduisit par la main à travers cette terre étrangère où la Providence les avait amenées pour l'instruction et le salut de leurs jeunes

compatriotes. Plus tard, la calomnie vint les
poursuivre jusque dans l'exil et empoisonner
de son venin le bien qu'elles y faisaient;
l'existence de leur maison fut compromise;
on les menaça d'un ordre d'expulsion. La
sœur Rosalie les soutint dans cette épreuve,
consola leur peine, et contribua à faire triompher la justice de leur cause.

Le jour où les petites sœurs des pauvres
vinrent apporter à Paris leur sublime misère
au secours des vieillards, la sœur Rosalie
les reçut comme ses filles, leur envoya les
matelas de sa maison, les premiers ustensiles
de leur cuisine; elle leur chercha partout des
amis, des protecteurs. A sa voix, les communautés, les pensions leur ouvrirent leurs
portes, et fournirent au frugal repas de
leurs pauvres; elles allaient sans cesse lui
demander tout ce dont elles avaient besoin,
tant elle leur avait paru inépuisable dans sa
générosité; à leurs demandes elle répondait
toujours : « Oui, mes sœurs, soyez tranquilles,
vous l'aurez. » Elle leur procura l'asile où

s'exerça pour la première fois, à Paris, ce
ministère charitable qui n'a rien à envier à
aucun ordre ni à aucun siècle ; comme les
petites sœurs, plusieurs communautés avaient
déjà ramassé pour Lazare les restes de la table
des riches ; mais aucune, jusqu'à leur fondation, n'avait borné sa nourriture aux restes
tombés de la table de Lazare.

La modestie de la sœur Rosalie était fière
de leur humilité, elle jouissait de leur vertu
comme d'un bien qui lui était propre ; elle
mettait ses travaux, son dévouement, celui
de ses sœurs bien au-dessous de l'abnégation
de ces nouvelles servantes des pauvres. Elle
leur donna à Paris leur premier vieillard,
comme elle avait donné à la société de Saint-
Vincent-de-Paul sa première famille.

Beaucoup d'autres fondations lui durent
des secours considérables : elle obtint de la
duchesse de Narbonne quarante mille francs
pour l'établissement d'écoles catholiques dans
le faubourg Saint-Antoine.

Sa main puissante ne s'arrêta pas à Paris,

elle contribua au dehors à la fondation d'un grand nombre de maisons religieuses, d'institutions charitables, à la construction, à la réparation d'une multitude d'églises et d'écoles. En un mot, elle fut mêlée à tout ce qui se faisait de bien dans toutes les parties de la France et même de l'univers catholique. Dans toute œuvre il y avait quelque chose d'elle, une idée, une action ou un conseil; toutes les fois qu'un pauvre arrivait à Paris pour chercher du secours, un ouvrier du travail, qu'un religieux ou un prêtre venait quêter pour son ordre ou sa paroisse; si quelqu'un avait un renseignement, un avis, un emploi à demander, un domestique à placer ou à prendre, une personne à faire arriver à Paris ou à en faire sortir; s'il se présentait quelque part une affaire délicate à traiter, une grâce à obtenir, un obstacle insurmontable à vaincre, on allait chez la sœur Rosalie.

CHAPITRE X.

LE PARLOIR DE LA RUE DE L'ÉPÉE-DE-BOIS.

C'était dans le parloir de la maison de
secours que la sœur Rosalie donnait ses
audiences et tenait les assises de la charité;
les sœurs l'appelaient le salon de leur mère,
et, malgré son nom, son aspect ne démen-
tait pas le vœu de pauvreté de celle qui
l'habitait. Dans cette pièce, étroite, mal éclairée par une petite fenêtre sans rideaux, tout

était simple et comme dépouillé ; un vieux papier disputait depuis un demi-siècle sa couleur à l'humidité et ses lambeaux aux souris ; un paillasson servait de tapis ; quelques portraits, plus remarquables par la place que leurs personnages occupaient dans l'Église que par le talent de l'artiste, quelques lithographies que recommandait la sainteté du sujet, illustraient les murs, et entre les images de notre Seigneur et de la Vierge, des vers rappelaient aux visiteurs les devoirs du chrétien; sur la cheminée, où le feu s'allumait rarement, une pendule de la forme la plus modeste, don d'une main amie, était ordinairement arrêtée; des deux côtés, les miniatures de saint Vincent de Paul et de Mlle Legras représentaient les chefs de la famille de la Charité; à gauche une armoire sous la forme d'une bibliothèque très-peu chargée de livres, à droite un secrétaire où s'entassaient les comptes, les quittances de la supérieure, et dont chaque tiroir, sans cesse rempli et vidé, contenait la fortune d'une de ses œuvres; et

autour de la chambre deux fauteuils de crin
et quatre chaises de paille complétaient depuis
trente ans l'ameublement. Seul un beau crucifix contrastait avec tout le reste; par la
divine expression de la figure, le bon goût
du cadre, le fini des accessoires, il fixait les
regards de celui qui entrait, et accusait la
main d'un maître. Le marbre de la cheminée, les planches de l'armoire, le haut du
secrétaire étaient couverts de lettres entr'ouvertes, timbrées de toutes les parties du
monde, de pétitions adressées à toutes les
puissances, de bons de toute nature et de
toute couleur, des comptes rendus du bureau
de bienfaisance, des rapports et des prospec-
tus envoyés par les œuvres; et en mettant le
pied dans ce milieu à la fois pieux et pauvre,
il était facile de reconnaître qu'on entrait
dans le sanctuaire de l'humilité et de la miséricorde.

Le parloir ne désemplissait pas. Un des
jeunes gens qui servaient de secrétaires à la
sœur voulut se rendre compte du nombre

des personnes qui y entraient dans un seul
jour : il en compta jusqu'à cinq cents, et la
journée n'était pas finie. Dans cette étroite
enceinte, où beaucoup étaient obligés de se
tenir debout faute de siége, se pressaient
toutes les conditions, tous les accidents de
l'humanité. Les extrémités de la fortune et
de la misère, de la puissance et de la faiblesse, s'y rencontraient pour se rapprocher
et se faire du bien; car personne n'y pénétrait inutilement, et les uns apportaient ce
que venaient chercher les autres. Rien n'était
plus touchant que de voir se succéder et quelquefois entrer ensemble l'ambassadeur et le
pauvre honteux, le simple ouvrier et le prince
de l'Église, la chiffonnière et la maréchale de
France, tous accueillis avec la même bonté,
tous ayant quelque plainte à faire de leurs
destinées, et emportant de leur visite des
pensées plus douces, une meilleure espérance,
et plus de courage à supporter le poids de
la vie. Il y avait là comme un inépuisable
trésor où chacun prenait ce dont il avait be-

soin : le pauvre, une parole aimable et un morceau de pain, le jeune homme, la force contre les passions, l'homme mûr, l'expiation des fautes de sa jeunesse ; plus d'un père y a trouvé la récompense de la bonne action qu'il allait faire, en rencontrant son fils amené par le même attrait, et qu'il croyait occupé autrement et ailleurs. Que de confidences ces murs ont reçues ! Que de belles actions ils ont inspirées ! Que de pleurs ils ont vu répandre ! Dans ce parloir, combien d'ennemis jurés ont renoncé, en se donnant la main, à des haines qu'ils croyaient éternelles ! Combien d'enfants condamnés par leur naissance à ne jamais connaître l'affection maternelle, ont reçu du repentir ou de la charité les soins et les sourires d'une mère ! On en sortait toujours meilleur : l'orgueilleux plus humble, l'égoïste moins occupé de lui-même ; l'avare devenait généreux ; l'inquiétude y laissait ses agitations, la faiblesse ses tentations de découragement, et le désespoir ses pensées de suicide.

La présence de la sœur Rosalie dominait tout, et on ne pouvait détourner les yeux de cette physionomie sereine et bienveillante. Son langage était simple, son maintien réservé ; il semblait que rien ne dût la distinguer au milieu de la foule; mais bientôt, sous la sim-plicité de sa parole, on sentait l'inspiration d'une intelligence et d'une raison supérieures. Sa douceur était pleine de majesté, et le feu d'une grande âme brillait au fond de son lim-pide regard.

Du premier coup d'œil elle discernait à qui elle avait affaire. Elle commençait ordinaire-ment par les plus pauvres : un vieillard rece-vait son entrée aux Incurables ou aux Petites-Sœurs, une pauvre veuve l'admission de son enfant à Ménilmontant ou à une colonie agri-cole. Une maîtresse habile et sûre était indi-quée à une apprentie, un magasin à une ouvrière sans travail; celui-ci obtenait un conseil pour son œuvre, celui-là un nom pour appuyer sa demande, une adresse pour aller chercher des leçons ou un emploi. La sœur Rosalie distribuait ensuite les bons et les listes à ses dames de charité, écoutait le compte rendu des visites de ses jeunes gens, remerciait d'un service, en obtenait un autre, répondait aux questions que chacun venait lui faire, et terminait la séance par la remise de ses correspondances et de ses commissions : elles étaient toujours très-nombreuses, et il y avait foule pour les faire ou les porter. Dans ces longues heures, pas une minute qui n'ait été consacrée à une bonne action, pas une parole qui n'ait eu trait à la charité, et, pendant cinquante ans, ces audiences se sont données sans autre interruption que la maladie, sans que jamais personne ait été repoussé, sans qu'aucune des affaires qui s'y produisaient ait été oubliée ou mal accueillie.

Les hommes les plus considérables de l'État, de la littérature, de la société, entraient dans ce parloir, attirés par la réputation de la sœur Rosalie, prenant souvent le plus léger prétexte pour se mettre en rapport avec elle.

La supérieure s'étonnait de leur empressement, leur parlait avec la même politesse,
la même simplicité qu'à tout le monde, ne
les laissait pas partir sans avoir obtenu d'eux
quelque bonne action, et leur inspirait toujours un grand désir de lui faire une nouvelle
visite.

A son arrivée à Paris, elle avait remis la
lettre que sa mère lui avait donnée pour l'abbé
Émery, le vertueux directeur de Saint-Sulpice et l'ami de sa famille. L'abbé Émery avait
appris, dans la méditation et la prière, comment il faut dire la vérité aux grands de la
terre : au jour où tout se taisait devant Napoléon, il avait su défendre contre ses empié-
tements les droits de l'Église et du Saint-
Siége, et mériter son estime en lui résistant.
Dès qu'il eut vu la jeune novice, il ne songea
pas, comme l'avait espéré sa mère, à combattre
sa vocation; il apprécia tout ce qu'il y avait en
elle d'élevé et de saint, et devina son avenir.
Il allait la voir tous les jours au noviciat, et
lui conserva son amitié jusqu'à sa mort. Lors-

qu'elle fut placée dans le faubourg Saint-
Marceau, il venait souvent la visiter, s'associait à ses bonnes œuvres, l'entretenait des
intérêts sacrés qu'il tenait entre ses mains,
et examinait avec elle ce qu'il y avait à faire
pour le bien des pauvres. Le saint docteur
sentait se ranimer son zèle et grandir son
courage dans la conversation de l'humble fille
de Saint-Vincent-de-Paul.

La sœur Rosalie vit aussi venir dans sa
maison un homme dont elle aimait la charité et admirait le génie : M. de Lamennais,
lorsqu'il était l'espérance et la joie de l'Église,
s'était beaucoup attaché à elle, la mettait de
moitié dans ses aumônes, trouvait son intelligence à la hauteur de son cœur, et puisait
dans ses entretiens quelques-unes de ces pensées qu'il ajoutait comme commentaire à
l'*Imitation de Jésus-Christ,* et qui ne la dé-
paraient pas. Tout lien fut rompu le jour où
il renia sa foi et abandonna l'Église; mais la
sœur ne l'oublia ni ne le maudit, car elle
l'avait vu auprès des pauvres. Lorsqu'il fut

condamné à la prison, elle n'hésita pas à
aller le voir : le prisonnier parut surpris, puis
touché de sa visite, se montra poli, affectueux même au premier moment; mais bientôt il fit rentrer la conversation dans un cercle
banal qui ne permettait ni confiance ni ouver-
ture de cœur; il finit par d'amères récrimi-
nations contre les doctrines et les hommes
que la sœur respectait. Lorsqu'elle le quitta,
il ne témoigna aucun désir qu'elle revînt; ce
fut un grand regret pour la sœur Rosalie.
Dans son indulgence, elle aimait à rappeler
les anciens services de l'éloquent écrivain,
et comptait sur eux pour racheter sa chute
et le retirer de l'abîme. « Son repentir, disait-
elle, rendra à la vérité un témoignage encore
plus éclatant que son innocence. » Depuis
cette visite, M. de Lamennais avait peur de
la revoir; le nom de la sœur Rosalie ayant été
prononcé devant lui à l'occasion d'un renseignement dont il avait besoin, il refusa énergiquement d'avoir recours à l'intervention de
la fille de la Charité, et repoussa toute nou-

velle relation avec elle. Au bruit de sa dernière maladie, la pitié de la sœur s'émut :
elle espéra un moment qu'à la clarté de
l'autre vie ses yeux s'ouvriraient, que ses
oreilles redeviendraient accessibles à la vérité
qu'il avait autrefois si bien défendue; mais
un mur d'airain s'éleva entre le mourant et
la servante des pauvres. Aucun souffle d'en
haut ne vint ranimer ses ossements arides
et attendrir son âme obstinée; il avait prononcé sa condamnation le jour où il avait
eu peur de revoir la sœur Rosalie.

Elle visita un autre prisonnier, qui avait
aussi l'habitude de son parloir, M. l'abbé
Combalot; mais celui-là n'était pas condamné
pour avoir attaqué la société et la religion :
il n'avait ni à se rétracter ni à se repentir.
Depuis, comme auparavant, sa voix éloquente n'a pas cessé de prêcher le Dieu que
servait et les vertus qu'a pratiquées la sœur
Rosalie. Le lendemain de sa mort, du haut
de la chaire de Saint-Sulpice, au milieu
d'une foule émue, il s'écriait : « J'ai été

en prison, et la sœur Rosalie est venue me visiter ; colombe charitable, elle m'apportait ma nourriture deux fois le jour. »

Donoso Cortès, marquis de Valdegamas, avait bu de bonne heure à la coupe des doctrines nouvelles et des plaisirs de ce monde, et en avait été vite rassasié. Sa nature droite, son intelligence élevée avaient aperçu le néant des espérances et des promesses humaines, leur insuffisance pour sauver les hommes et les peuples ; il s'était tourné du côté de Dieu, et avait appelé la religion au secours de la société. Dans cette nouvelle voie, il avait déployé un talent de premier ordre et une merveilleuse éloquence. Envoyé par l'Espagne pour la représenter à Paris, il fut bientôt recherché et aimé de tous ceux qui le connaissaient. Absolu dans ses idées, mais plein de tolérance et de charité dans ses sentiments, il avait rapidement conquis l'admiration des uns et l'affection de tous ; ceux mêmes que repoussait l'exclusion de son esprit se laissaient gagner par l'effusion de son cœur.

Mais la bienveillance, les hommages de la meilleure société ne lui suffisaient pas ; il se plaignait souvent d'user toutes ses journées en courses mondaines, et s'effrayait, disait-il, du jugement de Dieu, lorsqu'à son tribunal, interrogé sur l'emploi de ce temps donné pour nous sauver, il lui faudrait répondre : « Seigneur, j'ai fait des visites ! »

Il entendit parler de la sœur Rosalie et voulut la connaître. Conduit par un de ses amis à la rue de l'Épée-de-Bois, il fut singulièrement frappé de sa première visite, et sentit qu'il y avait là quelque chose qui manquait à sa vie ; ces deux âmes, en se rencontrant, s'étaient comprises : le traité fut bientôt conclu. Il ne se plaignit plus des visites qu'il avait à faire ; car chaque semaine il quittait le quartier du pouvoir, de l'élégance et de la diplomatie, pour aller voir celle qu'il appelait son directeur. Il recevait d'elle une liste de pauvres, courait à pied tout le faubourg, s'asseyait auprès des malades, serrait la main de l'infirme, embrassait le petit

enfant, réjouissait toute la famille de ses
paroles animées par l'accent et l'imagination
du Midi, et revenait heureux raconter à la
maison de l'Épée-de-Bois ses passe-temps
et ses découvertes. Tant qu'il fut en santé,
en dépit de toutes ses occupations politiques
et officielles, il ne manqua jamais à son
rendez-vous charitable. La sœur Rosalie le
voyait arriver au jour dit, à l'heure con-
venue; rien ne pouvait remplacer ou même
abréger ses visites. Tombé malade, il envoya
exactement l'argent qu'il ne pouvait plus
porter lui-même, et s'occupa jusqu'à son
dernier jour de ses amis du faubourg Saint-
Marceau. Il en parlait sans cesse à la sœur
de Bon-Secours qui veillait auprès de lui, et
mêlait cet intérêt et ce souvenir aux saintes
pensées qui, comme des anges gardiens, lui
faisaient douce compagnie, et préparaient son
avénement à l'autre vie. Lorsque le mal
s'aggrava, la sœur Rosalie quitta à son tour
son quartier pour la rue de Courcelles, et
vint rendre à l'hôtel de l'ambassadeur les

visites qu'il avait faites si souvent à ses mansardes. Ses prières ne purent en écarter la mort, mais elle assista au moment suprême, comme pour témoigner devant le souverain Juge des bonnes œuvres de celui qu'il allait juger.

Les sentiments du mourant furent admirables de résignation et de foi. Comme on voulait envoyer chercher le médecin : « A quoi bon ? dit-il, en embrassant le crucifix, je n'ai plus besoin que de Dieu. » Puis faisant un retour sur ce monde, où il avait si brillamment et si rapidement passé : « A quoi sert le monde ? Quelle consolation m'a-t-il apportée ? Qui m'a été utile, qui m'a soulagé, si ce n'est cette pieuse garde-malade, dont toutes les paroles m'exhortaient à la patience ? Qui m'a assisté, sinon les Saints ? ajoutait-il en indiquant le reliquaire de Saint-Vincent-de-Paul que la sœur Rosalie lui avait donné. Que les pauvres prient pour moi ! qu'ils ne m'oublient pas ! » Telle fut sa dernière parole. La sœur Rosalie l'entendit, eut avec

Dieu son dernier regard, et quitta la maison funèbre avec l'espérance que ses pauvres avaient maintenant un protecteur de plus au ciel.

La politique qui divise le monde n'entrait pas dans le parloir de la sœur Rosalie; chacun laissait en quelque sorte à la porte ses préventions et ses répugnances, et l'on voyait marcher ensemble dans les œuvres qu'elle fondait, dans les démarches qu'elle faisait faire, les hommes de tous les partis. Une seule pensée inspirait tout, l'amour et le soulagement des pauvres; on ne discutait, rue de l'Épée-de-Bois, que leurs affaires; on ne s'occupait que de leur cause; les événements y étaient jugés suivant qu'ils étaient favorables ou contraires à la diminution de leur misère; les hommes, suivant qu'ils se montraient plus ou moins portés à leur faire du bien. Dans cet intérêt, la sœur Rosalie eut des rapports avec tous les gouvernements. Les souverains qui se sont succédé en France eurent recours à elle et rendirent hommage à sa charité. Charles X ne pouvait l'oublier dans ses libéralités vraiment royales, et faisait passer par ses mains d'immenses aumônes. La Dauphine l'avait associée à son intelligente pratique du bien et aux œuvres nombreuses auxquelles cette grande âme allait demander la consolation de ses malheurs. La sœur reçut un jour de la princesse une leçon qu'elle aimait à rappeler et dont elle avait fait grand profit. Chargée par la Dauphine de payer une pension à un homme dont elle découvrit la mauvaise conduite, elle crut devoir avertir la bienfaitrice de la découverte et suspendre le secours. « Ma sœur, lui répondit la Dauphine, continuez de payer la pension à cet homme : il faut faire la charité aux bons pour qu'ils persévèrent, aux méchants pour qu'ils deviennent meilleurs. »

La révolution de 1830 diminua beaucoup ses ressources ; mais la reine Marie-Amélie lui faisait souvent demander conseil, et accordait beaucoup à ses prières et à ses recommandations.

Le général Cavaignac, au milieu des difficultés, des soucis, des luttes de son pouvoir
éphémère, vint plusieurs fois lui faire visite, et
la remercier de sa bienfaisante influence sur ce
peuple à qui la révolution de février avait donné
tant d'espérances et si peu de moyens de les
réaliser. La sœur Rosalie obtint de lui un grand
nombre de grâces, et, par son entremise, arracha à la sévérité des lois plus d'un pauvre père
de famille que de perfides suggestions avaient
entraîné dans les émeutes et la guerre civile,
et qui paraissait à la bonne sœur plus malheureux que coupable.

Le 18 mars 1854, elle fut visitée par Napoléon III. Peu de temps auparavant, elle avait
reçu la croix d'honneur, aux applaudissements
de tout le quartier, chaque pauvre se croyant
décoré en sa personne : mais sa surprise fut
grande et son chagrin extrême; car, après
l'avoir énergiquement refusée, elle ne céda, en
l'acceptant, qu'aux ordres de ses supérieurs;
elle ne la porta jamais, et son humilité en souffrit tellement, que, pendant plusieurs jours,

elle fut malade; elle était péniblement affectée toutes les fois qu'on faisait la moindre allusion à cette faveur, qu'elle regardait comme une des plus grandes épreuves de sa vie. L'impératrice accompagnait l'empereur à la maison de secours; la sœur reçut cette visite avec respect et reconnaissance. Elle voyait, dans ce témoignage d'intérêt, une leçon de bienveillance et de charité envers les petits et les faibles, donnée à tous les fonctionnaires, et une recommandation à ceux qui disposent de l'autorité publique, quels que soient leur rang et leur puissance, d'être attentifs, affectueux, pleins de pitié pour les malheureux que les souverains ne dédaignaient pas de visiter.

Elle dut à cette visite une faveur à laquelle elle attachait beaucoup de prix : sur sa demande, l'impératrice promit de faire donner aux sœurs de Saint-Vincent-de-Paul l'asile qui allait s'ouvrir dans la maison de secours, et que la ville de Paris, d'après le principe adopté par son administration, devait confier à une directrice laïque. Comme, au moment de l'installation de l'asile, l'ancien système paraissait sur le point de prévaloir, la sœur Rosalie écrivit à l'impératrice pour lui rappeler sa promesse, et immédiatement l'asile fut ouvert sous la direction des Filles de la Charité.

CHAPITRE XI.

PUISSANCE DE LA SŒUR ROSALIE.

Les rapports de la sœur Rosalie avec tous les rangs de la société, le rendez-vous donné dans sa maison par la charité à toutes les grandeurs comme à toutes les misères de ce monde, lui acquirent bientôt une puissance incompa-. rable. « Elle avait le bras long, » disaient les hommes de son quartier.

Chaque visite reçue, chaque service rendu, chaque demande satisfaite lui assurait un auxi-

liaire et ajoutait un élément à son action; à mesure qu'elle se montrait plus généreuse, elle obtenait plus de ressources. Elle éprouvait la vérité
de cette parole qu'elle avait souvent à la bouche :
« Il faut toujours avoir une main ouverte pour
donner, afin de beaucoup recevoir de l'autre. »
Bientôt elle exerça une sorte de souveraineté
dans le domaine de la charité, chacun voulant
être son sujet et son tributaire. Des sommes
considérables étaient versées chaque année dans
son trésor, elle avait des aides de camp auprès
de toutes les administrations publiques, des
chemins de fer, des grandes entreprises indus-
trielles, partout où il y avait des places et des
emplois à donner. Elle correspondait avec toutes
les parties du monde; les évêques se faisaient
dans leurs diocèses les protecteurs de ses
bonnes œuvres, les grandes usines recevaient
ses ouvriers ; les hospices, ses infirmes ; les
congrégations, ses novices. En quelque situation que fussent ceux qu'elle recommandait,
en voyage, à l'armée, même devant la justice,
ils trouvaient des amis pour les accueillir, des

officiers pour les protéger, des avocats qui plaidaient leur cause. On pouvait traverser la France avec son amitié pour sauvegarde.

Son nom ouvrait toutes les portes, abaissait toutes les barrières; il comptait jusque dans les conseils des ministres et les cabinets des souverains.

On lui a reproché de ne pas avoir assez ménagé son influence, et d'avoir été trop facile dans ses recommandations. Elle l'avouait elle-même, elle n'avait pas toujours le courage de repousser ceux que tout le monde abandonne, et d'ajouter son refus à celui des autres. Une personne qui avait grande confiance en la sœur Rosalie lui avait demandé une domestique; s'étant aperçue quelque temps après que cette femme était infidèle, elle alla s'en plaindre.

« La malheureuse! s'écria la sœur, elle m'avait pourtant bien promis de ne pas recommencer. »

Plusieurs ont abusé de cette bienveillance, et dans les derniers temps de sa vie ses amis les plus intimes se défiaient un peu de sa signature.

Mais pour quelques lettres surprises, quelques apostilles mal placées, un grand nombre de familles respectables lui durent la sécurité et l'honneur. Beaucoup d'intelligences élevées s'éteignaient faute d'un peu d'appui, et ont atteint par sa protection les hauteurs de la science et de l'estime publique; beaucoup de jeunes gens sans fortune, sans protecteurs, repoussés dans leur recherche de places et de travail, seraient devenus peut-être un danger pour la société, le désespoir de leurs familles; ils occupent maintenant des positions importantes, à la grande satisfaction de ceux qui les emploient : ils sont le soutien et l'orgueil de leurs parents, grâce à la recommandation de la sœur Rosalie.

Au reste, comme toutes les puissances, elle était assiégée des sollicitations les plus inattendues et les plus étranges; il lui en venait de toutes parts et pour toutes choses : on voulait sa protection pour entrer au conseil d'État comme à l'hospice, pour obtenir une préfecture comme un bureau de tabac. En vain elle répondait qu'elle n'était pas ministre, et qu'elle n'allait pas à la cour. Sa réputation était si grande, qu'on ne supposait rien d'impossible à sa charité, et tout le monde lui tendait la main.

Elle avait d'ailleurs un si grand désir d'obliger, que les solliciteurs qui se flattent si volontiers, prenaient facilement sa bonne volonté pour son pouvoir. Les désespérés se croyaient sauvés quand ils avaient été recommandés par elle ; l'aménité de son accueil donnait de l'espérance aux plus défiants, de la patience aux plus pressés ; les regrets qu'elle éprouvait adoucissaient et faisaient presque oublier les désappointements et les refus. Ceux dont les demandes avaient été vaines ne se plaignaient pas, ils revenaient auprès d'elle se consoler de n'avoir pas réussi, et ils étaient encore heureux lorsqu'au lieu d'une place ou d'un secours, ils emportaient ce qu'un bon vieillard appelait sa petite goutte de consolation ; le plaisir d'avoir vu et entendu la sœur Rosalie.

En présence de cette vie prodiguée à tous, de cette charité qui semblait se jeter au loin, et comme au premier venu, une inquiétude se mêle à l'admiration. Comment ne pas regretter un peu l'immense bien que faisait la sœur Rosalie au dehors, en pensant aux besoins extrêmes de son quartier? On voudrait voir concentrer les ressources de son intelligence et de son âme sur les habitants du faubourg Saint-Marceau, bien plus misérables que la plupart de ceux qui venaient lui tendre la main; mais ce tort fait aux siens au profit de tous les autres n'est qu'apparent, et l'expansion de sa charité leur apporte plus de secours que la plus sévère des exclusions. En effet, tout ce que la sœur Rosalie donnait au dehors, revenait en bienfaits sur son quartier, et au lieu d'amoindrir la part de ceux qu'elle regardait comme ses enfants, ses libéralités extérieures les enrichissaient. Le grand nombre de personnes qui lui

devaient de la reconnaissance, savaient à qui
et comment payer leur dette ; elles remerciaient la sœur Rosalie dans ses pauvres, et
comme elle avait des obligés dans tous les rangs
et dans toutes les positions, son faubourg eut
partout des débiteurs disposés à s'acquitter.

« Nous avons besoin de la société pour
nos pauvres, » disait-elle souvent à ses sœurs,
en leur recommandant de bien recevoir toutes
les personnes qui se présentaient. Paris était
ainsi devenu son tributaire, et de ce monde,
qu'elle n'allait pas chercher, mais qui venait
de lui-même auprès d'elle, elle avait fait le
protecteur et comme le trésorier de son faubourg.

Elle écrivait aux souverains pour les écoles
et les asiles du faubourg Saint-Marceau,
recommandait aux riches et aux puissants
ses pauvres honteux, et savait même attirer
la compassion étrangère sur cette classe d'habitants un peu nomades, qui n'ont guère
d'autre mérite que leur misère, et qu'elle
appelait le prochain des rues.

C'était dans la rue Mouffetard et les environs que le monde allait chercher les familles qu'il secourait pour se consoler ou se distraire, que les associations, que les jeunes protégés de la sœur Rosalie trouvaient un exercice à leur charité. Si pour la première fois la sœur fournissait les bons du bureau, elle savait bien que le zèle ne s'arrêterait pas à cette modique distribution, elle s'en remettait à la misère du soin de plaider sa propre cause : nulle voix n'est plus éloquente que la sienne, quand elle est prise en flagrant délit, et qu'elle montre non le mendiant étalant dans les rues des plaies fictives et des infirmités mensongères, mais le malade sur sa couche de douleur, l'enfant nu, la chambre dépouillée.

Souvent un des amis de la supérieure lui amenait quelque grande dame étrangère, curieuse de savoir ce que pouvait être un pauvre à Paris ; une liste était dressée où figurait tout ce qui était capable d'émouvoir sans trop fatiguer : des malades résignés, des vieillards

respectables, des familles ayant beaucoup de
jolis enfants, et demeurant au rez-de-chaus-
sée, ou à des étages pas trop élevés. Une sœur
expérimentée accompagnait les premiers pas,
à travers les escaliers tortueux et les corridors
obscurs ; elle racontait l'histoire des ménages
visités, et leur faisait dire à eux-mêmes tout
ce qui devait intéresser en leur faveur; deux
heures après, la néophyte rentrait émue, elle
avait pleuré, elle avait vidé sa bourse, elle
avait passé par des impressions qu'elle ne soupçonnait pas; bientôt elle revenait non plus
par curiosité, mais par affection, redeman-
dait ses pauvres, en voulait quelques-uns de
plus ; pendant son séjour à Paris, elle était
la plus assidue des dames de charité de la
sœur Rosalie; souvent aussi, au retour du
voyage, un pays lointain devait une bonne
œuvre au souvenir du faubourg Saint-Marceau.

Quand le temps ou la force manquait pour
la visite, la conversation avait laissé soupçonner une influence, une position capable

d'être utilisée, et le lendemain une petite
lettre partie de la maison de secours venait
recommander la pétition d'un pauvre homme,
ou solliciter quelques lignes pour un ministre,
le préfet de la Seine, une des puissances de
l'administration ou de la charité publique.
Comment refuser une demande à celle qui,
sans vous connaître, vous avait si bien accueillie? personne n'osait repousser la première
prière de la sœur Rosalie; on était fier de
sa confiance, on se hâtait de lui obéir, et il
y avait, peu de jours après, grande joie dans
un des ménages du douzième arrondissement.

Bientôt le faubourg Saint-Marceau sortit
de son obscurité et de son délaissement;
les visiteurs traversaient ses rues pour arriver jusqu'à la sœur Rosalie, et, en faisant
connaissance avec elle, se familiarisaient avec
la misère de son quartier; on le plaignit, on
s'inquiéta de son sort. Les arrondissements
les plus riches s'habituèrent à lui envoyer
un peu de leur superflu; il y eut des quêtes
pour lui dans les églises et dans les salons

du faubourg Saint-Germain; un grand nombre
de personnes charitables se partagèrent ses
rues, ses maisons, quelquefois même ses
étages, et souvent dans ces grands bâtiments,
remplis de pauvres de la cave au grenier,
la sœur de charité pansait au rez-de-chaus-
sée une blessure, la dame des pauvres malades s'arrêtait au premier étage pour lire à
un mourant les dernières prières, pendant
qu'un jeune homme de la société de Saint-
Vincent-de-Paul consolait sous les toits une
pauvre famille, lui apportait le pain de la
semaine, et apprenait à un enfant le catéchisme. Peu à peu la situation du faubourg
changea de face : il resta encore le plus misérable des quartiers de Paris, il n'était au
pouvoir de personne de l'enrichir; mais sa
pauvreté fut moins extrême; le plus grand
nombre de ses ménages eurent un lit, un
poêle, une chaise; ses enfants furent mieux
vêtus, plus polis, mieux instruits; des habitudes plus chrétiennes entrèrent dans sa population; elle se montra résignée à son sort,

soumise aux lois, attachée à l'ordre et au travail; elle aima d'une grande tendresse celle à qui elle devait son progrès; son âme s'agrandit, ses sentiments s'élevèrent par cette affection; la sœur Rosalie devint l'intermédiaire d'une réconciliation entre la société et le faubourg Saint-Marceau. Elle dissipait les préventions qui existaient contre lui, et le justifiait en le faisant mieux connaître : aussi, quand il était attaqué devant elle, quand on lui adressait quelque reproche, elle le défendait avec vivacité, et protestait énergiquement contre l'injustice.

« Il est calomnié, répétait-elle souvent; il « vaut beaucoup mieux que sa réputation; sa « pauvreté laisse voir moins de dépravation et « de malice que n'en cachent bien d'autres « quartiers sous leur luxe et leur richesse. »

La sœur Rosalie avait le droit d'avoir bonne opinion de son peuple, car aucune voix ne fut plus écoutée que la sienne, aucune autorité mieux reconnue, aucune main plus bénie; et si, le jour de sa mort, le faubourg Saint-Mar-

ceau prouva par ses regrets qu'elle l'avait bien
jugé, il ne cessa, pendant sa vie, de subir
son ascendant et de rendre hommage à sa
puissance.

Mais jamais cette puissance incontestée, cet
ascendant universel, cette science incomparable
de faire le bien, qui se révélaient à chaque
instant et contre toutes les misères, ne se ma-
nifestèrent avec plus d'éclat que contre les deux
ennemis qui vinrent successivement ajouter
des malheurs d'exception aux calamités ordinaires, et accroître le poids déjà si lourd des
souffrances du peuple, le choléra et les émeutes.

———

CHAPITRE XII.

LE CHOLÉRA ET LES ÉMEUTES.

En 1832, on apprit que le choléra était aux portes de la France. Sa marche à travers l'Europe, que rien n'avait pu arrêter, la longue suite de funérailles qui marquait chacun de ses pas, la rapidité et l'infaillibilité de ses coups, sa fatale préférence pour les quartiers insalubres, les maisons malsaines, les corps usés par les excès et la misère, tout le présentait au peuple comme son plus inexorable ennemi. Déjà, sur son passage, il avait éveillé les préjugés ab-

surdes, les atroces soupçons qui à toutes les
invasions des maladies pestilentielles s'emparent
de l'imagination publique, et font attribuer à
la méchanceté des hommes les fléaux de Dieu.
Aux nombreuses victimes du choléra s'étaient
ajoutées celles de la démence populaire.

La sœur Rosalie était elle-même assaillie de
grandes terreurs : elle prévoyait les ravages
qu'allait faire la maladie au milieu de son quartier, où le mauvais air, l'insalubrité de la nourriture et du logement lui offriraient une si facile
proie dans tant de familles déjà affaiblies par
tous les genres de privations et de fatigues.
Elle tremblait pour ses pauvres, pour ses sœurs,
pour tout le monde ; son âme était troublée, et
elle priait Dieu d'éloigner d'elle ce calice.

Le jour où le choléra parut, où fut frappée la première victime, toutes ses terreurs
disparurent, et elle devint intrépide ; tant que
dura la contagion, aucune faiblesse, aucun
trouble, aucune peur n'atteignit son âme ;
toujours la première à la veille, à la fatigue,
à la tête de tous les dévouements qu'elle in-

spirait, elle anima ses auxiliaires de son esprit
de foi et de charité, prêta le concours le plus
actif, le plus intelligent aux mesures de l'autorité, aux efforts individuels ; organisa les
ambulances, utilisa les bonnes volontés, et
imprima partout l'ordre, la rapidité et la con-
tinuité aux secours.

Au commencement, elle eut grand'peine à
dissiper les bruits d'empoisonnement et les
pensées de vengeance qui se répandaient parmi
le peuple; les médecins, les pharmaciens, tous
ceux qui s'approchaient des malades, étaient
soupçonnés de leur inoculer le fléau; les habitants de son faubourg ne la soupçonnaient pas
et l'exceptaient toujours dans leur colère; son
nom même servit de protection et de sauvegarde à ceux que poursuivait le préjugé populaire. Un jour, le docteur Royer-Collard accompagnait un cholérique que l'on conduisait
sur un brancard à l'hôpital de la Pitié; il est
reconnu dans la rue : aussitôt on crie : « Au
meurtrier, à l'empoisonneur ! » La foule s'ameute
meute, se presse autour de lui, l'accable d'in-

jures et de menaces. En vain il soulève le drap qui cachait le visage du malade, et s'efforce de prouver qu'en l'accompagnant, le médecin cherche à le sauver, et non à le faire périr. La vue du moribond ajoute à l'exaspération, les cris et les menaces redoublent; un ouvrier s'élance, un outil tranchant à la main, lorsqu'à bout d'arguments M. Royer-Collard s'écrie : « Je suis un ami de la sœur Rosalie. »

— C'est différent! » répondent aussitôt mille voix : la foule s'écarte, se découvre, et le laisse passer.

En présence des morts, des agonies, et de la désolation de ceux qui survivaient, la sœur Rosalie, si sensible, si facile à émouvoir, demeurait calme, sereine, inébranlable; elle faisait taire devant le devoir ses émotions et ses larmes, sa charité dominait sa sensibilité; elle ordonnait tout, soutenait tout, pourvoyait à tout, et planait sur son quartier comme l'ange de la consolation et de l'espérance.

Puis, dès que la tourmente fut passée, elle accepta l'héritage de tous les pauvres gens qui

étaient morts; ouvrière infatigable, elle tra-
vailla à la réparation des désastres, à l'adoption
des orphelins, au soulagement des veuves, au
placement des vieillards restés debout sur
les ruines de leurs familles.

En 1849, lors de sa seconde invasion, le
choléra fit moins de bruit et de peur; il
n'apportait plus avec lui les terreurs de l'inconnu, et les émotions politiques lui faisaient
diversion; mais il fut plus meurtrier au faubourg Saint-Marceau qu'en 1832.

En un seul jour, dans la paroisse Saint-
Médard, cent cinquante décès furent consta-
tés, et on ne compta pas les enfants. Pendant
plus d'une semaine les sœurs ne se mirent pas
à table et n'eurent pas un moment de sommeil; à chaque instant la sonnette retentissait, annonçant un nouveau malade, et appelant de nouveaux secours; et comme le mal
semblait, plus encore que la première fois, se
concentrer dans les quartiers pauvres, frapper
dans les caves et les mansardes, et épargner les
riches, et même, malgré leur dévouement, les

médecins et les sœurs, l'opinion s'accrédita que
le choléra était une œuvre de la politique et de
la vengeance pour rendre le peuple plus docile,
diminuer sa force et le punir de la révolution.
Il fallut la mort d'un maréchal de France,
de plusieurs représentants, de propriétaires et
de religieuses pour donner un démenti à ces
dangereuses calomnies, et faire reconnaître
que les coups ne venaient pas des hommes.

La sœur Rosalie fut en 1849 ce qu'elle avait
été en 1832. Avant l'arrivée du fléau, et
lorsqu'on annonça son approche, elle ressentit
encore des inquiétudes et des angoisses; dès
qu'il parut, elle retrouva son calme et son
énergie : personne ne se sentit faible, découragé, fatigué devant son activité et son courage. Chacun se surpassa, parce qu'elle s'élevait au-dessus de tout le monde; sous sa
direction et son influence, la charité arracha
à la maladie tout ce qu'il était possible de
lui enlever, conjura les malheurs évitables,
sauva les âmes de ceux dont elle ne put
sauver les corps, et lorsque la science et les

soins furent impuissants à écarter le deuil
d'une maison, elle en éloigna le désespoir.
Le choléra reprit aux yeux de la population
son sens et ses redoutables enseignements; il
fit courber les têtes devant la puissance et la
justice célestes; il ramena à l'aveu des fautes,
à la reconnaissance du châtiment, et son passage, marqué si souvent par des colères et même
des crimes, ne laissa après lui qu'un sentiment
de crainte et de repentir vis-à-vis de Dieu, et
plus d'admiration et de gratitude pour celle
qui, pendant ces jours de punition, avait si
bien représenté la miséricorde.

Quoique toujours auprès des malades, aucune des sœurs de la rue de l'Épée-de-Bois
ne succomba ; une seule fut atteinte, et se
guérit : c'était la seule qui n'eût pas été en
contact avec la maladie, retenue à la maison
par un mal de jambe qui lui avait rendu tout
mouvement impossible.

Pendant l'invasion du choléra, les auxiliaires du dehors ne firent pas défaut à la
sœur Rosalie, un grand nombre de jeunes

gens appartenant à la société de Saint-Vincent-de-Paul se placèrent sous sa direction,
et devinrent pour les malades des frères de la
charité; leur zèle ne s'arrêta pas à la ville de
Paris. Les usines de Montataire étaient déci-
mées, les soins manquaient aux victimes. Dans
le désespoir et la terreur générale, on eut recours à la supérieure de la rue de l'Épée-de-
Bois; elle envoya à Montataire et dans le pays
environnant quelques-uns de ses généreux soldats. Animés de son esprit, ils portèrent aux
malades les soins, les secours, et les bonnes
paroles qui rendent aux découragés la force
de se guérir. L'espérance revint avec eux, la
foi reparut dans les maisons qu'ils visitaient,
et, quelque temps après, l'évêque de Beauvais
allait remercier la sœur d'avoir eu pitié d'une
partie de son troupeau.

L'asile des Petits-Orphelins fut fondé à
cette époque dans la rue Pascal. En quelques
jours, soixante-dix-neuf y entrèrent; la sœur
Rosalie était allée dans chaque maison recueillir les enfants à qui le terrible fléau avait en-

levé, quelquefois en bien peu d'heures, leur
père et leur mère. La charité de Mme Mallet, qui lui avait voué une admiration sans
bornes et une extrême affection, lui prêta
pour cette fondation un puissant concours.
La sœur voulut elle-même présider à l'organisation de tout le service de l'asile, et veiller à ce que rien ne manquât à ses pauvres
petits habitants. Elle allait sans cesse de la
rue de l'Épée-de-Bois à la rue Pascal, apportant à chaque course quelque idée nouvelle,
quelque nouvelle industrie pour répondre aux
exigences de cette importante création. Grâce
à ses soins et aux généreux sacrifices qu'elle
provoqua, l'asile grandit et sortit victorieux
des difficultés qui embarrassent les premiers
pas de toute œuvre naissante ; bientôt il
se trouva trop à l'étroit dans la rue Pascal.
Transporté à Ménilmontant, il est resté fidèle
aux pieuses traditions de son origine ; son
administration intérieure, le régime que suivent les enfants, les soins qui les entourent,
la simplicité dans laquelle ils sont élevés,

et la prudente pensée qui, après la première communion, les rend autant que possible à la vie commune et à l'apprentissage du dehors, tout porte les traces de l'esprit supérieur qui veilla sur le berceau de cette utile institution, et fit sortir des désastres du choléra une œuvre où les jeunes orphelins trouvent tous les bienfaits d'une salle d'asile.

La sœur Rosalie eut encore à combattre un autre danger, qui plusieurs fois vint compromettre le bien-être déjà si peu assuré de ses enfants : elle lutta avec énergie contre les émeutes et les révolutions. Elle ne les aimait pas en principe, car elle n'attendait rien de bon de ces vagues promesses de liberté qui, pour s'accomplir, ont besoin de la violence et de l'oppression. Elle se défiait de ces progrès de la justice et de la civilisation qui commencent par le renversement de l'ordre et la violation des lois; mais elle redoutait les agitations politiques surtout pour son quartier.

Dans les rangs de la société contre lesquels elles semblent plus spécialement dirigées, les émeutes, les révolutions suspendent le profit, diminuent les revenus, forcent de restreindre les dépenses, et introduisent l'inquiétude et la gêne là où régnaient la sécurité et l'abondance; mais leurs résultats sont bien plus tristes et plus douloureux pour ceux qui vivent à grand'peine du labeur de chaque jour : la moindre émotion dans la rue arrête le travail, et par conséquent le salaire ; elle change les difficultés de la vie en la plus profonde misère.

Quel que soit le sort des mouvements qu'on lui fait faire, le peuple est toujours la dupe et la victime de ces sanglantes comédies : tandis que beaucoup de ceux qui parlent en son nom, qui le poussent à la guerre, qui soufflent à son oreille des pensées de révolutions, se cachent pendant le combat, échappent aux conséquences de la défaite, et se trouvent toujours les premiers pour s'adjuger les bénéfices de la victoire, le pauvre peuple est exposé aux coups sur le champ de bataille, à la prison ou à l'exil s'il est vaincu, à la diminution du travail, et

par conséquent des ressources, s'il est vainqueur; car il faut bien du temps après les
succès d'une révolution pour rendre aux capi-
taux leur sécurité, au commerce son mouvement, à la société son équilibre, et l'ouvrier
n'a pas pour lui faire prendre patience, comme
les chefs de partis, les portefeuilles, les places
importantes, et sa part dans le budget; puis,
après avoir beaucoup souffert et longtemps attendu le jour de la compensation, l'homme du
peuple ne le voit jamais venir, et reste ce
qu'il était auparavant, un ouvrier, quand il
n'est pas devenu un pauvre. Aussi, la bonne
sœur se servait de toute son influence pour
mettre son faubourg à l'abri des passions
politiques et des émotions populaires. A force
de leur faire du bien, elle avait acquis une
immense popularité parmi les habitants de
son quartier; ils étaient fiers de leur mère,
les plus grossiers étaient polis avec elle, les
plus mutins n'en approchaient qu'avec respect; l'émeute ne gronda jamais contre sa
maison; le gouvernement lui-même connais-

sait sa puissance, et regardait son intervention comme la plus sûre barrière contre le désordre.

Pendant les deux révolutions où le peuple eut son heure de souveraineté, en 1830 et en 1848, elle exerça son ascendant au profit de la paix, et épargna aux vainqueurs l'abus de leur victoire. Lorsque les révoltés ne reconnaissaient plus d'autre autorité que la leur, ils reconnurent encore la voix de la sœur Rosalie; les jours où la force publique elle-même n'avait plus entrée dans ces rues étroites qui semblaient faites pour les luttes civiles, la sœur entrait à toute heure, exerçait la police, rétablissait l'ordre, arrêtait les barricades en voie de construction et faisait remettre à leur place les pavés déjà soulevés. Elle arracha plus d'un proscrit à la fureur populaire. Au moment où, victimes des passions et des calomnies antireligieuses, les prêtres étaient injuriés dans les rues, les églises menacées, l'archevêché pris d'assaut et démoli (1), la maison

(1) La sœur Rosalie avait été avertie du sac de l'archevêché par un pauvre qui, la veille, avait refusé

de la rue de l'Épée-de-Bois servit de retraite
à des religieux dont le seul crime était de se
dévouer nuit et jour au salut de ceux qui les
maudissaient. La sœur Rosalie les cacha et les
traita comme autrefois les saintes femmes cachaient et servaient pendant la persécution les
ministres du Seigneur. Elle offrit aussi un asile
à Mgr de Quélen, obligé de se cacher dans
son diocèse comme un malfaiteur, et qui ne
devait reparaître qu'à l'appel du choléra dans
la chaire de Notre-Dame, pour se venger de
ses persécuteurs en adoptant leurs enfants
orphelins.

Quand elle racontait ces scènes d'un autre
temps, ces jours passagers d'égarement, elle
avait soin de justifier les hommes de son quartier. « Ils ne savaient pas, disait-elle, que
nous avions tous ces saints prêtres dans notre
maison; mais, s'ils l'eussent su, ils nous auraient aidées à les protéger. » Et en effet,

un bon de pain en lui disant : « Ma sœur, nous n'avons
pas besoin de cartes, demain nous pillons l'archevêché. »

plus tard, dans une des plus sanglantes journées de juin, des religieuses vouées à l'éducation des petites filles avaient entendu proférer
des menaces d'incendie contre leur établissement. Dans leurs inquiétudes mortelles, elles
préviennent la sœur Rosalie; celle-ci leur fait
dire de se rassurer : le soir même, à sa demande, un poste d'hommes armés était installé
devant la maison, et le chef ordonnait à ses
soldats de ne faire aucun bruit, de peur de
troubler le repos des sœurs et des petites filles.
La consigne fut fidèlement exécutée.

Mais sa protection ne s'arrêtait pas à ceux
que les émeutes et la révolution triomphante
poursuivaient, elle avait aussi compassion
des hommes qui, engagés dans les luttes
civiles, avaient à rendre compte de leur défaite au gouvernement vainqueur : elle les
visitait dans leurs prisons, cherchait à leur
être secourable, souvent même parvenait à
les sauver. Fidèle à sa mission de représenter
la charité sur la terre elle n'avait qu'un but
et qu'une pensée, détourner le coup de la tête

qu'on allait frapper, dérober à la poursuite
le fugitif, le proscrit. Elle protégeait successivement la société et ceux qu'elle avait vaincus, et arrêtait le bras de toutes les ven-
geances, quels qu'en fussent la cause ou le
prétexte.

Après les émeutes qui agitèrent le commencement du règne de Louis-Philippe, des
hommes appartenant aux partis les plus opposés furent accusés d'avoir pris part à la
révolte, et condamnés à mort par contu-
mace; plusieurs, poursuivis par la police
avec son habileté et sa persévérance habi-
tuelles, s'adressèrent à la sœur Rosalie, dont
ils avaient entendu parler, et lui demandèrent de les sauver. La sœur n'écouta que
sa pitié, les cacha, leur procura des déngui-
sements, des guides sûrs, et trouva moyen
d'en faire évader quelques-uns. Elle fut dé-
noncée comme coupable d'avoir aidé les rebelles
à échapper à la vengeance de la justice; le chef
de la police de sûreté, à qui elle avait rendu
quelques services et qui en était très-recon-

naissant, vint l'avertir qu'un mandat d'ame-
ner allait être décerné contre elle ; la bonne
sœur ne redoutait pas la prison, mais elle
craignait en y allant, disait-elle depuis, de
déshonorer la communauté ; elle n'en per-
sista pas moins dans ses efforts en faveur
des condamnés, et parvint encore à faire partir un des plus importants et des plus com-
promis. Averti de ce fait, M. Gisquet, alors
préfet de police, signe l'ordre d'arrestation et le
remet à son premier agent pour qu'il soit mis
sur-le-champ à exécution. Celui-ci le supplie
d'épargner cette injure à la mère des pauvres :
« Son arrestation, ajouta-t-il, soulèverait le
faubourg Saint-Marceau, et deviendrait le signal d'une émeute que nous ne pourrions pas
réprimer ; tout le peuple prendrait les armes
pour elle.

— Cette sœur Rosalie est donc bien puissante ! s'écria le préfet : eh bien, je veux aller
la voir. »

Il se rend immédiatement à la rue de
l'Épée-de-Bois, traverse la foule qui atten-

dait comme toujours à la porte du parloir,
et, sans se faire annoncer, demande à parler
en particulier à la supérieure. La sœur Rosalie, qui ne l'avait jamais vu, l'accueille avec
sa politesse habituelle, le prie d'attendre qu'elle
ait fini avec ses pauvres, donne, comme à l'ordinaire, ses charitables consultations, et, l'audience terminée, revient à son visiteur inconnu,
s'excuse de l'avoir retenu si longtemps, et lui
demande ce qu'elle peut faire pour son service.

« Madame, répond M. Gisquet, je ne
suis pas venu vous demander des services,
mais plutôt vous en rendre : je suis le préfet de police. » La bonne sœur redouble de
politesse et d'excuses. « Savez-vous, ma
sœur, continue M. Gisquet, que vous êtes
gravement compromise : au mépris des lois,
vous avez fait évader un officier de l'ex-garde
royale, qui, par sa révolte ouverte contre le
gouvernement, avait mérité les peines les
plus sévères; j'avais déjà donné l'ordre de
vous arrêter, je l'ai retiré à la prière d'un de

mes agents ; mais je viens et je veux savoir
de vous comment vous avez osé vous mettre
ainsi en rébellion contre la loi.

— Monsieur le préfet, lui répond la sœur
Rosalie, je suis fille de la charité, je n'ai pas
de drapeau, je viens en aide aux malheureux
partout où je les rencontre, je cherche à leur
faire du bien sans les juger, et je vous le
promets, si jamais vous étiez poursuivi vous-
même et que vous me demandiez secours, il
ne vous serait pas refusé. » Dans un temps
de révolution, cette parole n'était pas une
promesse vaine. M. Gisquet ne put s'empêcher d'en sourire, et peut-être au fond du
cœur d'en trembler. Une conversation s'établit entre le préfet et la sœur, où celle-ci
s'efforça de faire comprendre au magistrat que
la charité n'a pas les mêmes devoirs que la
police, et qu'après une bataille elle est toujours du parti des blessés et des vaincus.
Le préfet de police ne pouvait sur ce point
lui donner raison ; mais il fut enchanté de
sa franchise, il n'échappa pas à l'ascendant

qu'elle exerçait sur tout le monde, la remercia de ses explications, puis, au moment de la quitter : « Je veux bien fermer les yeux sur le passé, lui dit-il; mais, de grâce, ma sœur, ne recommencez pas, il nous serait trop pénible de sévir contre vous.

— Monsieur le préfet, lui dit la sœur Rosalie en le reconduisant, en vérité, je ne puis vous le promettre; je sens que si pareille œuvre se présentait, je n'aurais pas le courage de la refuser : une fille de saint Vincent de Paul n'a jamais le droit, quelle qu'en soit la conséquence, de manquer à la charité. »

La semaine suivante, un des chefs de la Vendée, venu pour la remercier d'avoir donné un asile et du pain à plusieurs de ses compagnons d'infortune, était chez elle, lorsqu'elle voit entrer le commissaire de police. Cette visite inopportune ne la trouble pas : d'un signe rapide elle indique au Vendéen le péril de la situation et la nécessité de s'éloigner au plus vite, et, par l'intérêt et le charme de sa conversation, elle parvient à retenir plus d'une heure le commissaire, qui laissa ainsi au proscrit le temps d'échapper à sa poursuite. Quelques jours après, le commissaire de police se plaignait à la sœur Rosalie du mauvais tour qu'elle lui avait joué. « Que voulez-vous, Monsieur, lui dit-elle, je l'ai fait autant pour vous que pour lui; j'ai voulu vous épargner le chagrin de le prendre et la peine de le garder : n'ai-je pas bien fait? »

La sœur Rosalie avait raison; dans ces temps mobiles et agités, où la roue de la fortune tourne si souvent et si vite, n'est-ce pas rendre service aux hommes qui triomphent que de leur épargner la nécessité de punir aujourd'hui, pour que demain ils ne soient pas condamnés à leur tour? On en fit bientôt au faubourg Saint-Marceau une petite expérience.

Une mesure imprudente avait soulevé la population contre un agent de l'autorité; les têtes s'étaient montées, on se réunit devant sa maison, on pousse contre lui des cris et des menaces, il ne savait comment sortir. Il eut la pensée de faire prévenir la sœur Rosalie; la supérieure accourt, interpelle les turbulents par leurs noms, les gronde de quitter leur travail pour une si méchante œuvre, leur représente le mal qu'ils vont attirer sur eux et sur leurs familles. Sa voix est écoutée, chacun retourne à son ouvrage, le commencement d'émeute se dissipe de lui-même, et le fonctionnaire retrouve sa liberté.

Pendant la disette de 1847, qui prépara la révolution de février, la sœur Rosalie fit des prodiges pour nourrir son peuple; elle était parvenue à lui faire prendre patience, et, tout en s'effrayant des dangereuses doctrines et des menaçantes influences qui pénétraient dans les esprits à l'aide de la cherté du pain, elle répondait de la sagesse et de la modération de son faubourg. 1848 parut d'abord lui donner raison: dans les scènes qui précédèrent et accompagnèrent les journées de février, l'insurrection vint d'ailleurs. Le faubourg Saint-Marceau accepta la république sans l'avoir provoquée, et ne mêla à sa proclamation rien de ce qui devait rappeler les sanglants souvenirs de la première révolution (1). Les débuts se passèrent dans un mélange d'illusions et de souffrances ; nulle part le travail ne fut plus atteint, la misère plus profonde ; nulle part on ne souffrit plus de la suspension du commerce et des réductions de la fortune publique et privée. Ce qui était gêne partout, était dans ce quartier la plus affreuse des détresses ; mais l'orgueil de la souveraineté imposait silence à la plainte, et les aspirations vers un riant avenir faisaient supporter patiemment les privations du moment. La sœur Rosalie redoublait d'efforts, prodiguait ses paroles encourageantes, ses conseils bienveillants, tirait des fortunes réduites, des bourses diminuées, de quoi tromper, sinon apaiser la faim, pourvoyait aux besoins les plus pressants, et renouvelait le miracle de la

(1) En apprenant le renversement du gouvernement et l'effervescence du peuple, une des sœurs s'était écriée en parlant des hommes du faubourg : « O ma Mère ! comme ils vont être méchants ! — Et nous, répondit la sœur Rosalie, comme nous allons être bonnes ! »

multiplication des pains. De leur côté, ses voisins, ceux même qui passaient pour les plus exaltés, se firent les gardiens et les protecteurs de la communauté. Pendant plus d'un mois ils montèrent la garde à sa porte nuit et jour; l'un d'eux, dans l'ardeur de son zèle pour la défendre, manqua de faire feu sur l'aumônier de la maison, venu à la pointe du jour en habit laïque pour dire la messe : il l'avait couché en joue, persuadé qu'à cette heure on ne pouvait venir chez la sœur qu'avec de mauvaises intentions.

Malheureusement, au douzième arrondissement comme dans les autres, chaque cabaret devint un club où l'ouvrier, n'ayant plus rien à faire, passait la journée. Dans un club, l'homme ne se possède plus; enivrée de déclamations et de sophismes, son intelligence chancelle, et sous l'impression de discours qui troublent ses idées, font bouillonner ses passions et lui donnent le vertige, sa personnalité s'efface et disparaît, il n'est plus qu'un atome de cette foule aveugle qui s'émeut et s'irrite sans avoir la conscience

de son émotion et la raison de sa colère. Ces
voix confuses, dont chacune isolée était paci-
fique, poussent ensemble un rugissement; ces
bras qui ne se levaient dans l'atelier que pour
le travail, s'agitent en masse pour la destruction et le meurtre : l'ambition de quelques-
uns sait donner une passion à cette force
immense, une expression à cette immense
voix, et chacun, absorbé dans l'ensemble, devient entre les mains des agitateurs l'élément
d'une émeute, le pavé d'une barricade, la
machine d'une révolution.

Le faubourg Saint-Marceau ne put échapper
à cette fatale ivresse, il eut comme les autres
ses journées de juin : la bataille y fut meurtrière.

Beaucoup figurèrent malgré eux derrière les
barricades, car dès le premier jour le quartier
avait été mis en état de siége par l'insurrection,
l'ordre fut donné de prendre les armes ; des
chefs inconnus parcoururent d'étage en étage
ces maisons si peuplées, arrachèrent l'ouvrier
à son lit, l'enrôlèrent de force dans une troupe

qui attendait à la porte, lui mirent un fusil
entre les mains avec menace de le fusiller s'il
n'en faisait pas usage, et le condamnèrent
ainsi à l'homicide sous peine de mort. La figure
sinistre, l'action terrible de ceux qui vinrent
prêcher la révolte, frappa tellement la sœur
Rosalie, que plus tard, en racontant les tristes
incidents de ces journées, elle disait : « Je crois
que si à ce moment on était descendu en enfer,
on n'y aurait pas trouvé un seul diable, ils étaient
tous dans nos rues : jamais je n'oublierai leurs
visages. »

Mais, il faut le dire, un assez grand nombre
d'ouvriers bien connus de la sœur n'avaient
pas attendu la violence pour descendre dans la
rue; habitués depuis février à une domination
qui n'avait pas encore rencontré de résistance,
inquiétés sur leurs droits et leurs conquêtes
par d'insidieuses calomnies, ils avaient consi-
déré la dissolution des ateliers nationaux comme
une usurpation de leur souveraineté, et se faisaient gloire de mourir et de tuer pour la république démocratique et sociale.

Il y en avait aussi plus qu'on ne pense qui
n'ont jamais bien su pourquoi ils s'étaient bat-
tus : le bruit de la fusillade et l'odeur de la
poudre leur étaient montés à la tête, ils avaient
crié et frappé comme les autres.

Dans ces moments suprêmes où l'air est
enflammé, où le vent souffle à la guerre, la
destinée de chacun est à la merci du plus
minime incident; le promeneur inoffensif, le
spectateur amené par la curiosité s'insurge et
prend les armes pour un geste ou une parole
qui l'a blessé.

Ce jour-là la sœur Rosalie et ses compagnes furent elles-mêmes sous les armes ;
elles n'avaient pu empêcher le combat, elles
voulurent du moins en adoucir les rigueurs
et diminuer le nombre des victimes. La maison de secours devint une ambulance où les
blessés des deux partis recevaient les soins
d'une charité qui ne distingue plus en présence des blessures et de la mort.

Dès le matin, beaucoup de femmes étaient
venues en pleurs confier leurs maris à la garde

des sœurs pour les enlever à la pression ty-
rannique des chefs de l'insurrection, et les
éloigner du champ de bataille. Les caves,
les greniers, toutes les chambres non appa-
rentes de la maison étaient pleines de pauvres
gens qui fuyaient moins le danger que la
révolte, moins la mort que le meurtre (1).
A chaque minute étaient transportés dans la
cour hospitalière, dans la pharmacie, ouverte
ordinairement à des maladies plus paisibles,
des blessés encore tout animés du feu du
combat; les sœurs reconnaissaient dans ces

(1) Lors du désarmement qui suivit les journées de
juin, le commissaire de police, en se présentant à la
maison de secours, dit à la supérieure qu'il ne venait
que pour la forme, et qu'il ne cherchait pas des armes
chez elle. « Vous auriez tort, lui répondit la sœur, nous
en avons beaucoup. » Et elle lui remit une grande quan-
tité de fusils et de sabres amoncelés dans une des salles
de sa maison.

C'étaient les armes déposées par les ouvriers qui
étaient venus lui demander un refuge pendant la bataille, et celles qu'en prévision du conflit elle avait
arrachées elle-même des mains de gens qui auraient
pu en faire mauvais usage.

victimes des hommes qu'elles avaient visités,
et qui étaient venus dans des jours meilleurs
demander des conseils ou remercier d'un secours. Elles tâchaient, en leur prodiguant des
soins trop souvent inutiles, de glisser une
parole de conciliation, d'inspirer des pensées
plus douces et de ramener un peu de miséricorde dans ces âmes qui allaient en avoir si
grand besoin. Souvent leurs efforts échouaient
contre l'exaltation de la colère; elles ne pouvaient arrêter sur les lèvres mourantes une
dernière malédiction; mais quelquefois aussi
la vue de la sœur, de la croix qu'ils avaient
autrefois bénie, le son d'une voix connue et
aimée, apaisaient l'irritation, faisaient succéder
des soupirs aux cris de rage, et arrachaient
une de ces paroles et de ces larmes qui, à
l'heure suprême, font trouver grâce aux plus
coupables.

Au plus fort de la lutte, un officier de la
garde mobile, qui avait bravement combattu
une partie de la journée, conduit ses soldats
à l'attaque d'une barricade de la rue Mouffe-

tard, placée à l'angle de la rue de l'Épée-de-
Bois, et monte le premier à l'assaut; une
décharge meurtrière partie des rangs des insurgés, arrête, sans l'atteindre, la troupe qui
le suit : emporté par son élan au-dessus de
la barricade, il se trouve seul de l'autre
côté. Cerné de toutes parts, ne pouvant espérer secours de ses soldats, qui le croient
mort, dans l'impossibilité de résister à la
foule de ses ennemis, il n'a que le temps
de s'élancer dans la rue de l'Épée-de-Bois,
et, trouvant ouverte la porte de la maison
de secours, se précipite au milieu des sœurs,
comme dans un refuge que lui offre la Providence. Une bande d'insurgés l'a reconnu,
se met à sa poursuite, et arrive presque en
même temps que lui. A la vue de cet homme
isolé, sans espoir, livré à une troupe altérée
de sang, toutes les sœurs, la supérieure en
tête, se jettent par un mouvement instinctif
entre la victime et les meurtriers. Devant ce
rempart inattendu, les insurgés s'arrêtent un
moment; ils connaissaient tous la sœur Rosa-

lie, et commencent avec elle une négociation
à haute voix, où pendant plus d'une heure la
charité dispute la vie d'un homme à la vengeance. Les assaillants sont inexorables, et
mêlent les plus atroces menaces contre leur
ennemi aux expressions de respect pour celle
que, jusque dans leurs emportements, ils appellent encore leur mère.

« Nous voulons notre prisonnier, s'écrient-
ils, il n'a cessé de faire massacrer nos frères;
sa mort seule nous vengera de tout le mal
qu'il nous a fait. »

Comme la sœur leur exprime son horreur
de voir ensanglanter le sol de sa cour et tuer
un homme désarmé dans cette maison de miséricorde :

« Laissez-nous le prendre, nous ne le tue-
rons pas ici, nous le conduirons dans la rue,
il y recevra la peine de son crime. »

Et malgré les prières, les supplications, les
promesses, malgré le plus touchant appel à
la pitié, les insurgés avancent toujours en
réclamant leur proie, et resserrant le cercle

qui les en sépare; déjà, pour atteindre plus
sûrement le but, le canon des fusils s'appuie
sur l'épaule des sœurs, les doigts sont sur la
détente, le coup mortel va partir, lorsque la
sœur Rosalie, se jetant elle-même à genoux :
« Voilà cinquante ans, s'écrie-t-elle, que je
vous ai consacré ma vie; pour tout le bien
que j'ai fait à vous, à vos femmes, à vos enfants, je vous demande la vie de cet homme! »
A ce spectacle, à ce cri, les armes se relèvent,
la troupe recule comme frappée de repentir,
un hourra d'admiration s'échappe de ces lèvres
noires de poudre, des larmes d'attendrissement
coulent de ces yeux tout à l'heure impitoyables.
Le prisonnier était sauvé.

Deux jours après l'ordre avait triomphé, la
justice reprenait son cours, et les insurgés
attendaient dans les prisons la peine de leur
sédition vaincue. La cour de la maison de la
rue de l'Épée-de-Bois était pleine de femmes,
d'enfants, qui redemandaient leurs maris,
leurs pères, et n'avaient plus d'espoir que dans
la sœur Rosalie; celle-ci pleurait en cherchant

à les rassurer, et leur promettait d'intercéder
en leur faveur. A force de démarches et de
prières, elle obtint l'élargissement de ceux qui
n'avaient été qu'entraînés; elle alla dans les
prisons et les forts consoler les plus coupables
dont elle n'avait pas pu gagner la liberté. Ange
de consolation entre eux et leurs familles, elle
rapportait souvent des deux côtés des espérances
qu'elle ne partageait pas.

Parmi les prisonniers se trouvait un ouvrier
laborieux à qui la sœur Rosalie s'intéressait
beaucoup; avant la révolte, il passait pour un
des hommes les plus honnêtes du quartier; mais
il avait cédé à un mouvement de délire, et des
charges très-graves pesaient sur lui; toutes les
démarches, toutes les sollicitations en sa faveur
avaient été inutiles : il n'avait plus à attendre
qu'une prochaine et terrible condamnation.

Sa fille, âgée de cinq à six ans, pleine
de gentillesse et de grâce, suivait l'école des
sœurs; elle y venait pleurer tous les jours
depuis l'arrestation de son père, rien ne pouvait
la consoler. Sur ces entrefaites, le général

Cavaignac vient voir la sœur Rosalie; elle le conduit à l'école, et appelant la petite fille :

« Mon enfant, lui dit-elle, voilà un monsieur qui, s'il le veut, peut vous rendre votre père. »

A ces mots, l'enfant s'agenouille, joint les mains, et, d'une voix entrecoupée de sanglots :

— O mon bon monsieur, s'écrie-t-elle, rendez-moi mon papa ; il est si bon! nous avons si grand besoin de lui!

— Mais, dit le général, il a sans doute fait quelque chose de mal?

— Non, bien sûr, maman m'a dit que non ; et d'ailleurs, je vous le promets, il ne le fera plus ; grâce! grâce! rendez-le-moi, je vous aimerai bien. »

Les regards suppliants de la sœur appuyaient les paroles de l'enfant : on eût dit un ange inspiré par une sainte. Le général sortit très-ému, et peu de jours après le prisonnier était rendu à sa famille, heureux d'avoir eu pour plaider sa cause deux avocats qui n'en perdent guère, l'innocence et la charité.

Quelques jours après la bataille, l'administration, justement préoccupée de la misère qui devait en être la suite, et de l'état de souffrance et d'excitation des familles dont les chefs étaient prisonniers ou fugitifs, ordonna de larges distributions de secours dans le douzième arrondissement; mais le désir de soulager rapidement des gens menacés de mourir de faim entraîna d'immenses abus : on vit alors des habitants d'arrondissements lointains venir chercher en omnibus les cartes qui se délivraient sans examen et sans contrôle; d'autres, sans se déranger, louaient des habits qui leur permettaient de se présenter plusieurs fois au même bureau, en cachant sous la variété du costume l'identité de la personne. Le maire, qui avait exercé si souvent la charité envers les pauvres aliénés, et aimait à suivre les inspirations de la sœur Rosalie, s'entendit avec elle pour corriger les erreurs de ce premier moment, et faire produire à la générosité de la ville de Paris des fruits d'apaisement et de réconciliation. Des hommes de cœur et de bonne volonté acceptèrent la mission de visiter les maisons de ces

quartiers où la guerre civile avait sévi, d'y découvrir les misères qui avaient peur de se trahir,
et de porter, avec les secours, de douces et
bienveillantes paroles. La sœur Rosalie donna
elle-même la pensée de cette organisation, la fit
fonctionner dans sa division, seconda les visiteurs de son zèle et de son expérience, et contribua grandement au succès de l'œuvre.

L'opinion publique, excitée par les derniers
événements, s'inquiétait beaucoup de ces visites.
A l'entendre, la haine, la vengeance, toutes
les passions coupables qu'inspire la défaite dans
un mauvais cœur, s'étaient réfugiées là. D'a-
troces menaces attendaient l'audacieux qui
viendrait substituer à la dette de l'État l'aumône humiliante de la charité, et les avis les
plus fraternels avaient la chance d'être accueillis à coups de fusil. La sœur Rosalie ne partageait aucune de ces craintes; elle assurait que,
sauf de rares exceptions, les visiteurs seraient
bien reçus, et que l'homme mêlé à la foule
dans une réunion politique ou derrière une
barricade, n'était plus le même dans sa chambre,

à côté de sa femme, entouré de ses petits enfants.
Dans sa famille, en effet, l'homme se retrouve
avec sa conscience, ses bons instincts, sa puissance d'affection et de dévouement; le père se
montre digne, laborieux, sévère, parce qu'il
se sent responsable de l'avenir de ceux qu'il
aime; à la vue de ses enfants, s'apaisent les
orages qui grondaient au fond de son âme.
Qu'un ami inconnu se présente alors, s'enquière
du travail, de l'âge des enfants, réponde plus
qu'il n'interroge, écoute plus longtemps qu'il
ne parle, compatisse à la souffrance, comprenne
les plaintes, et montre les imperfections de la
société, de cette grande accusée de toutes les
douleurs et de tous les crimes, non comme un
bien, mais comme une infirmité attachée à
notre nature incapable de s'élever aux perfec-
tions que nous aimons à rêver tous : il est bien
accueilli, les cœurs s'épanouissent à sa parole,
il est initié aux mystères de la famille, découvre
des vertus secrètes, des délicatesses cachées,
des actes d'abnégation et de probité qu'il n'aurait jamais soupçonnés. En comparant cette

heure passée dans une conversation intime avec
les motions du club et les agitations de la place
publique, il s'expliquera le contraste qui se rencontre à chaque pas dans l'existence du peuple,
mélange étonnant de résignation et de révolte,
de générosité et de violence, capable à la fois des
plus grands excès et des plus héroïques vertus.

L'événement prouva que la confiance de la
sœur ne l'avait pas trompée : pendant plusieurs mois la charité, réparant les ruines,
consolant les deuils, apaisant les colères, prit
possession de toutes ces rues qui portaient
encore les traces de la terrible bataille, fut
accueillie avec reconnaissance, ramena des sentiments pacifiques dans ces cœurs ulcérés, et
changea en affection les rancunes et les préventions les plus redoutables.

Ce fut dans une de ces visites qu'un élève
de la sœur Rosalie rencontra un artiste dis-
tingué, un contre-maître habile, que son intelligence et son industrie plaçaient à la tête
des ouvriers de Paris. Emporté par le mouvement de février, il avait quitté l'usine pour le

club, le travail pour la politique, s'était nourri
de tous les systèmes socialistes, de toutes les
théories humanitaires, et, pour les faire triompher, avait pris les armes aux journées de juin.
Depuis la défaite, il vivait dans une mansarde
avec sa femme malade, ses enfants affamés,
sans appeler un médecin, sans parler à personne,
sans rien faire pour combattre la maladie et la
misère. Le visiteur eut grand'peine à obtenir que
la porte lui fût ouverte. L'ouvrier, l'œil hagard,
la barbe longue, les vêtements et les cheveux en
désordre, ne le reçut qu'en murmurant, ne
l'introduisit qu'avec répugnance ; ses questions
furent d'abord repoussées comme indiscrètes ;
ses offres de secours parurent des humiliations ;
quand, avec le tact que donne l'esprit de chrétienne fraternité, et la persévérance, que ne dé-
courage aucun mauvais accueil, il fut parvenu
à détendre cette humeur altière, et qu'un peu
de confiance fit déborder l'amertume accumulée
au fond de ce cœur, le contre-maître étala les
griefs qu'il nourrissait contre la société ; il re-
procha à son organisation actuelle tous les mal-

heurs, tous les désordres qui troublent le monde,
et la rendit responsable du sang versé pour la
détruire ; puis, entraînant son interlocuteur
dans un cabinet obscur où gisaient sur la paille
sa femme malade, ses enfants criant la faim :
« Voyez, lui dit-il, ce que la société a fait
de ma famille! comment voulez-vous que je
ne la poursuive pas de ma haine, que je ne
mette pas tous mes efforts à la renverser? » Le
jeune homme ne s'indigna pas de ces exclama-
tions, ne se heurta pas contre cette colère; mais
il adressa quelques bonnes paroles à la femme,
s'enquit de ses souffrances, fit taire, en les
caressant, les plaintes des enfants; puis, faisant
tomber doucement la conversation sur l'histoire de la jeunesse, du mariage, des anciens
travaux de l'ouvrier, il l'amena, sans qu'il
s'en aperçût, à convenir qu'à cette époque de
rudes labeurs et de journées bien employées,
la vie était plus douce et l'avenir plus riant
qu'aujourd'hui, qu'il était plus heureux avant
de songer à changer le monde et d'apprendre
dans les livres et dans les discours ce qui man-

quait à son bonheur. Ce retour aux souvenirs
des premiers succès, des premières joies, fit
trêve un instant aux irritations du présent ;
lorsque son visiteur le quitta, après un long
entretien, l'ouvrier avait consenti à recevoir
comme un prêt qu'il rendrait sur son premier
salaire, l'argent destiné à payer le médecin et
le pain ; et en reconduisant celui qu'il avait
d'abord si mal reçu, il le salua avec une politesse dont la réserve un peu affectée déguisait
mal un commencement de reconnaissance.

A la fin de chaque journée, les visiteurs se
réunissaient à la maison de secours pour rendre
compte de leurs courses ; celui-ci, encore tout ému
de la découverte qu'il venait de faire, la raconta
avec chaleur, fit partager à ceux qui l'écoutaient
sa pitié pour cette pauvre famille, victime de
tant de préjugés et d'illusions, et obtint de la
bourse commune une somme assez forte pour
parer à des besoins que chaque instant devait
aggraver. Quoique déjà l'heure fût avancée, il
ne voulut pas remettre au lendemain sa douce
mission, et revint frapper à la porte de son nou-

vel ami. Celui-ci le reçut plus gracieusement
que le matin, mais non sans témoigner quelque
étonnement de son prompt retour; le jeune
homme le lui expliqua d'un mot.

« Cette société dont vous me disiez tant
de mal, lui dit-il en souriant, n'est pas aussi
mauvaise que vous le pensiez; elle a encore
de bonnes gens qui ne sont pas insensibles
aux maux de leurs frères. Je leur ai raconté
que l'un d'eux était momentanément dans la
gêne, qu'il avait besoin d'une petite avance
pour reprendre son travail; ils se sont em-
pressés de mettre cette avance à ma disposition, et j'ai voulu me donner dès ce soir
le plaisir de vous la porter moi-même. »

Ces paroles firent tomber toute la réserve
de l'ouvrier; il saisit la main de son jeune
visiteur, la lui serre affectueusement, et les
larmes aux yeux, la voix profondément émue:
« Oh! Monsieur, lui dit-il, je suis sûr que
vous n'êtes pas riche; si vous l'étiez, vous
n'auriez pas fait ce que vous venez de
faire. »

Il y a dans cette exclamation une révélation douloureuse; car elle exprime la pensée
d'un grand nombre. Aux yeux d'une partie
du peuple, aveuglée par une injuste préven-
tion, le riche est incapable de générosité et
de grandeur d'âme, et la vertu, incompa-
tible avec la fortune; mais il faut le reconnaître, cette injustice, cette animosité contre
la richesse fait un triste contre-poids à une
autre injustice, à une autre animosité. Au
milieu de la nation, il s'est formé deux
peuples et comme deux familles qui se croient
et se disent ennemies, et ne voient que les
torts et les vices de leurs adversaires; ils
semblent mettre leur joie à découvrir des motifs de les condamner et de les haïr; et comme
l'humanité à tous les degrés ne manque jamais
de faiblesses et même de crimes, il est facile
de trouver des prétextes à la haine, et de justifier les préventions. Il y aura toujours des
avares insensibles aux maux de leurs frères,
des superbes qui insulteront à leur misère,
des ambitieux qui s'en feront un marchepied;

toujours aussi, des envieux avides de renversement au profit de leur débauche et de
leur paresse, seront prêts à s'élever, non par
leur travail, mais sur les ruines des autres, et
chercheront une facile fortune dans les désordres et les révolutions. A côté de ces griefs
et de ces abus de la richesse et de la pauvreté,
les uns oublient combien, au milieu de ce
monde que l'on croit enivré de luxe et prêt à
tout sacrifier à ses plaisirs, il se fait de bonnes
œuvres, il se fonde d'institutions charitables;
combien parmi les heureux du siècle se dé-
vouent, prêtres et religieuses, à l'instruction de
toutes les ignorances, au soulagement de toutes
les misères; combien se plaisent, hommes et
femmes du monde, à s'occuper des faibles, à
secourir les malades, à faire dans leurs plaisirs
et leur bien-être la part de celui qui souffre.
Les autres méconnaissent trop souvent les
bonnes qualités de ce peuple qu'ils accusent
et dont ils ont peur; on ne voit que son in-
gratitude envers des bienfaits souvent mal
donnés, on ne tient pas compte de sa recon-

naissance pour les dons qui viennent du cœur,
on dénonce les colères et les révoltes de
quelques mauvaises journées, mais on se tait
sur le courage, la résignation de tous les jours,
et l'on ne regarde pas ce que le peuple fait à
chaque heure pour racheter les maux qu'ont
entraînés ses passions, son ignorance, son
impatience de la discipline et de l'ordre; des
enfants sont adoptés par de pauvres gens qui
peuvent à peine élever leur famille; le repos
de la nuit, si nécessaire après de rudes travaux, est sacrifié auprès du lit d'un pauvre
malade; enfin des millions d'infortunés sont
sauvés quotidiennement par la charité populaire. Sans elle, dans la capitale, un grand
problème serait insoluble. Beaucoup de familles ne parviennent pas à tirer le strict
nécessaire de leur travail imparfait, et de
tous les dons réunis de la bienfaisance publique et privée; un déficit se trouve toujours entre leurs ressources et les dépenses
qu'il leur faut faire pour ne pas mourir de
faim et de froid, et ce déficit est comblé par

la générosité des voisins presque aussi pauvres
que ceux qu'ils secourent.

Pendant sa longue carrière, la sœur Rosalie
s'est attachée à combattre ces mutuelles préventions qui portent en germe une guerre
sociale. Elle travaillait sans relâche à faire
revenir les riches et les pauvres de la rigueur
et de l'injustice de leurs jugements; elle les
rapprochait, les mêlait ensemble dans son
affection et ses œuvres, parlait toujours aux
uns du mérite des autres, et ne perdait pas
une occasion de faire rendre à tous la justice, bien plus difficile à obtenir que la charité.

CHAPITRE XIII.

VERTUS DE LA SŒUR ROSALIE.

Pour acquérir une grande influence, attirer l'affection de quiconque s'approche de vous, et changer en amis après quelques moments d'entretien les indifférents et même les adversaires, la sainteté elle-même ne suffit pas; beaucoup de sœurs et de religieux se sont voués sans réserve au service de leurs frères, et n'ont pas exercé d'ascendant sur le monde. Leur dévouement a gagné le ciel, il n'a pas gagné la terre : l'empire sur les âmes demande quelque chose de plus.

Quand Dieu voulut avoir des enfants, des amis parmi les hommes, et que sa religion devint une loi d'amour, non de crainte, il se fit homme lui-même, et prit nos douleurs, nos besoins, nos larmes et nos misères : pour que la vertu soit aimée et puissante en ce monde, il faut que l'humanité se retrouve encore sous l'inspiration divine.

Tel était le caractère des vertus de la sœur Rosalie. Sa charité était puisée à la source la plus haute et la plus pure, elle dérivait directement du cœur de Jésus-Christ, elle avait toutes les conditions demandées par l'apôtre saint Paul; mais elle était humaine en même temps que céleste : la sœur aimait les pauvres en Dieu, comme les membres souffrants du Sauveur; elle les aimait encore comme une mère aime son enfant, avec son cœur et son sang, avec ses émotions et ses larmes; elle avait de la sainte abnégation, le dévouement surnaturel; elle avait de la

femme les exquises délicatesses et les faiblesses
sublimes. Familiarisée depuis longtemps avec
toutes les douleurs, elle était jusqu'à la fin de
sa vie aussi sensible au spectacle de la souffrance que le premier jour : la vue d'une blessure saignante lui faisait mal, elle pleurait au
convoi de ses pauvres. Identifiée avec chacune
des nombreuses familles qui lui étaient confiées, elle avait faim et froid avec elles, passait par toutes les alternatives de leurs tristesses et de leurs joies, et éprouvait une si
grande satisfaction à les soulager, qu'elle ne
croyait pas, disait-elle naïvement, devoir jamais en recevoir la récompense. Elle a pu
dire aux jours de sa cécité : « Dieu m'a rendue
aveugle, parce que j'avais trop de plaisir à voir
mes pauvres. »

Les pauvres étaient la pensée de tous ses moments; la nuit, le jour elle avait devant les yeux
leurs besoins, leur détresse; comme le Seigneur,
elle portait le fardeau de leurs fautes, et aurait
voulu les expier par ses souffrances. Plusieurs
fois, à l'heure du dîner, il lui était impossible

de se mettre à table. « Il y a quelque chose qui m'étouffe, disait-elle en remettant sa serviette, et m'enlève tout appétit, c'est l'idée que tant de familles manquent de pain. »

Lorsqu'elle fut opérée de la cataracte, le chirurgien lui demanda immédiatement après comment elle s'était trouvée pendant l'opération. « Je n'ai pas souffert de votre main, répondit-elle, mais je ne pouvais m'empêcher de penser que mes pauvres n'étaient pas si bien traités que moi. S'ils ont une opération à subir, il leur faut aller à l'hôpital, quitter leur famille ; ils ne sont pas entourés, comme moi, de leurs sœurs et de leurs amis, et cette pensée me faisait mal. »

Cette préoccupation la suivait encore sur son lit de mort ; dans le délire de son agonie, au milieu des paroles sans suite, des phrases incohérentes, un mot revenait sans cesse, on ne distinguait qu'une seule idée : la visite, le soin de ses pauvres. La maladie dominait son intelligence, elle ne pouvait dominer sa charité.

Aussi cette charité ne se contentait pas de braver l'insurrection un jour d'émeute, la contagion un jour de choléra, et de fermer la porte de son quartier à la famine et à la révolution; elle était de tous les instants et de tous les détails : aussi aimable que puissante, aussi gracieuse qu'énergique, elle était prodigue d'attentions, d'aménités, de prévenances envers le dernier des indigents, cherchait à le contenter comme à le secourir, à écarter de lui le plus petit chagrin, à lui épargner la plus légère contrariété. Elle s'arrêtait dans la rue pour faire sourire un enfant en larmes, et se montrait d'une infatigable indulgence pour les moindres fautes, souvent plus difficiles à pardonner que les grandes.

La sœur Rosalie n'aimait pas cette bienfaisance triste et sévère qui ne cesse d'accuser ceux qu'elle secourt, et leur fait payer ses bienfaits par la dureté de ses jugements. On avait donné à une pauvre femme une bague pour l'échanger contre du pain; celle-ci, qui

la trouvait charmante, n'eut pas le courage
de s'en séparer, et ne résista pas au plaisir
de la mettre à son doigt. On s'en aperçut,
et on s'en plaignit à la sœur, qui répondit :
« Il faut lui pardonner d'avoir voulu porter
un bijou, c'est peut-être la seule joie qu'elle
ait eue dans sa vie. »

Une famille avait lassé par ses exigences
et ses importunités la bonne volonté de tout
le monde ; la sœur chargée de la visiter voulait s'adresser à l'œuvre des départs pour la
renvoyer dans sa province ; la supérieure ne le
voulut pas. « Ce serait, dit-elle, se décharger
d'une croix lourde et ennuyeuse : je craindrais
de manquer à Dieu. »

Un jour, pendant le dîner des sœurs, un
homme entra dans le parloir, qui, par extraordinaire, était vide ; une somme d'argent
destinée aux pauvres se trouvait dans le secrétaire, et lorsqu'on sortit de table on s'a-
perçut que cette somme avait disparu. Ce
fut une clameur universelle, une indignation
générale contre le misérable qui n'avait pas

craint de porter la main sur le bien des
pauvres; chacun le maudissait, appelait sur
sa tête la plus sévère des condamnations. La
sœur Rosalie, en racontant l'accident, ne
parlait jamais du voleur que pour dire :
« Heureusement il n'a pas été pris. »

S'il lui arrivait de témoigner la moindre
impatience, de répondre un peu vivement à
quelque demande importune, elle en ressentait un tel chagrin, qu'elle voulait en faire
réparation immédiate en doublant le secours
que l'on réclamait. Les bonnes gens connaissaient son faible ; lorsqu'ils voulaient
une chose difficile à obtenir, ils se disaient,
en riant : « Tâchons de fâcher notre mère ;
nous sommes sûrs de réussir. » Elle avait
un tel désir de bien traiter ceux qu'elle appelait ses enfants, qu'elle ne croyait jamais
avoir assez fait pour eux. Souvent, après ses
audiences, elle disait à ses sœurs : « Vous
avez vu comme j'ai été mal pour ce pauvre
homme, comme j'ai manqué envers lui de
douceur et d'égards. » Celles-ci, qui n'avaient

remarqué dans ses paroles et ses manières
que sa bienveillance habituelle, lui représentaient en vain qu'elle se faisait illusion,
qu'elle n'avait aucun tort à se reprocher. La
sœur Rosalie se plaignait de leur défaut de
franchise; plusieurs fois elle voulut elle-même
demander pardon à ceux qu'elle croyait avoir
offensés. Les indigents les plus exigeants, les
plus portés à murmurer contre les sœurs,
ne la quittaient jamais mécontents, ne se
plaignaient jamais d'elle. Aussi, lorsqu'ils
recevaient ses excuses, ils les prenaient pour
une leçon indirecte qui leur était adressée,
une manière douce et détournée de leur
faire comprendre qu'ils avaient manqué de
reconnaissance et de politesse; ils s'en allaient en disant : « La bonne mère s'est
trompée, jamais nous n'avons eu l'intention
de lui manquer. »

En vraie fille de saint Vincent de Paul,
elle n'hésitait pas, malgré sa profonde piété, à
tout subordonner au service de ses malades: elle
demanda souvent à ses sœurs de ne pas aller

à la chapelle pour l'accompagner dans ses
visites charitables. « Sachons, leur disait-elle,
comme nous l'enseigne notre saint patron,
quitter Dieu pour Dieu, et la prière pour les
pauvres. »

Elle enlevait même quelquefois une sœur
à sa classe pour des circonstances graves et
pressantes; elle prévenait alors les enfants et
leur recommandait d'être sages pendant que
leur maîtresse allait faire du bien à de pauvres
gens du voisinage; les petites filles restaient
silencieuses, comme si elles avaient voulu par
leur recueillement s'associer à la bonne œuvre.

Plusieurs fois aussi, après avoir reproché à
de jeunes sœurs d'aller trop vite dans leur
distribution, de n'avoir pas su résister aux
solliciteurs, et de n'avoir rien conservé pour
le lendemain, la sœur Rosalie voulait prendre
leur place et distribuer elle-même les secours:
avant le milieu du jour elle avait tout donné,
et quand on lui faisait apercevoir qu'elle n'avait
pas été plus économe que ses filles, son cœur
trouvait toujours d'excellentes raisons pour

excuser sa prodigalité; puis elle ajoutait : « S'il ne nous arrive rien pour la distribution de demain, nous en serons quittes pour vendre nos chaises. »

Le produit en aurait été mince, mais avant le soir, il arrivait toujours quelque chose à la maison.

Son affection pour les malheureux était mêlée d'un grand respect ; elle avait une grande foi dans la vertu des prières de ceux qui souffrent; elle les croyait tout-puissants auprès de Dieu, c'était à eux qu'elle recommandait le succès des entreprises qu'elle voulait faire réussir, le raffermissement des santés qui lui étaient chères; quand on lui apportait quelque au- mône, quand on avait fait quelque bonne œuvre, elle vous remerciait en disant : « Mes malades et mes vieillards prieront pour vous. »

Pendant sa longue carrière, malgré les invi- tations et les appels du dehors, elle ne dépas- sait les limites de son faubourg que pour aller à la maison mère, ou visiter ses amis ma- lades. Après avoir habité Paris pendant plus

de cinquante ans, elle n'en avait vu ni les
promenades, ni les monuments, ni la plus
grande partie des quartiers; elle n'en connaissait que les maisons où l'on souffre, où l'on
pleure, où il y a quelque secours à porter ou
à demander. Deux fois seulement elle consentit à s'éloigner de Paris, à sortir, comme
elle le disait, du fourreau de son Épée-de-
Bois : elle alla un jour à Versailles avec la
supérieure générale de son ordre, qui le lui
avait demandé; une autre fois à Orléans, faire
visite à Mgr de Varicourt, pour lequel elle
avait conservé la plus grande vénération. Elle
ne voulut pas loger à l'évêché, par humilité,
et descendit chez des religieuses. A la fin de
la journée, elle pleurait parce qu'elle n'avait
plus de pauvres autour d'elle; il fallut, pour
la consoler, lui en aller chercher par la ville;
et elle prit si grand intérêt à la misère de
quelques-uns, qu'en partant elle les fit monter
en voiture avec elle, et voulut les emmener
à Paris, afin de pouvoir leur faire du bien
tout à son aise.

Mais jamais tout ce qu'elle avait de tendresse
au fond du cœur ne s'est mieux montré que
dans ses rapports avec les sœurs qui apparte-
naient à sa maison. A son entrée au faubourg
Saint-Marceau, elle avait pris pour la sœur
Tardy une telle affection, qu'elle fut inconsolable lorsque celle-ci quitta la maison de secours
pour aller à l'Hospice des Ménages. Elle avouait
que pendant plusieurs années elle avait peine
à pardonner aux sœurs des Ménages de lui avoir
enlevé sa chère supérieure; tout ce qui venait
d'elle lui était devenu sacré. La nouvelle supérieure voulut combattre cet attachement trop
vif, elle fit disparaître ce qui pouvait rappeler
la sœur Tardy. La pauvre sœur Rosalie, au
désespoir, à qui l'âge et l'habitude de se vaincre
n'avaient pas encore inspiré la plénitude de la
résignation, n'avait pu sauver de la proscription
qu'un soulier qui avait appartenu à celle qu'elle
avait tant regrettée; elle le gardait avec le plus
grand soin, et, pour qu'il ne lui fût pas ravi,
le cachait au fond de son lit. Quand elle fut
placée elle-même à la tête de la petite commu-

nauté, elle reporta sur ses filles toute la puissance de son affection, elle était véritablement
leur mère ; celles qui lui arrivaient comme pos-
tulantes étaient traitées en petits enfants dont
on ménage la faiblesse, dont on soutient les
premiers pas ; elles étaient façonnées doucement
aux vertus de leur sainte profession, à l'amour
du sacrifice et de l'obéissance ; à mesure qu'elles
avançaient dans leur apprentissage, le travail
devenait plus rude, la vie plus austère : rien
n'était épargné alors pour éprouver leur vocation, pour leur en faire comprendre le côté
pénible, les dégoûts, tout ce qui arrête les
simples velléités de dévouement et les caprices de la charité ; et, en sortant de cette
épreuve, l'âme de la postulante était préparée à
la mission et digne de l'honneur de servir les
pauvres. Elle était surtout devenue leur amie
la plus dévouée, car elle avait entendu la supérieure répéter sans cesse : « Aimez, si vous
voulez qu'on vous aime ; et si vous n'avez rien
à donner, donnez-vous vous-même. »

Dès qu'une sœur était malade, ou paraissait

même légèrement indisposée, la sœur Rosalie, si
dure pour elle-même, si mortifiée, devenait
inquiète; elle lui interdisait toute fatigue, tout
exercice. Si le mal devenait sérieux, elle voulait
passer auprès d'elle tous ses moments de liberté.
Lorsque le danger se manifestait, elle épiait les
progrès de la maladie avec une angoisse inexpri-
mable, et appelait contre elle toutes les ressources de la science et de l'affection; son cœur
était si déchiré, que les médecins lui cachaient
la vérité comme on la cache à une mère. Toutes
les fois que Dieu rappelait une de ses filles,
rien ne pouvait la consoler. Son nom prononcé,
le souvenir d'une de ses paroles, d'une de ses
actions, la faisaient fondre en larmes. L'envoi
d'une de ses compagnes dans une autre maison
suffisait pou· la désoler; quand l'une d'elles
devait partir, les autres s'en apercevaient à la
tristesse de leur mère. Elle avait toujours peur
qu'on ne les lui enlevât. Lorsqu'il y avait quelque cérémonie à la communauté, « N'y allez
pas, disait-elle à la sœur Mélanie : vous êtes
grande, on vous remarquerait, et on penserait

à vous pour quelque autre emploi. » Elle se
faisait elle-même scrupule de cet attachement
si vif, et s'en accusait quelquefois comme d'une
grande faiblesse. Qui aurait voulu l'en corriger?
Un jour, elle vint demander pardon à un ecclésiastique de ses amis du scandale qu'elle lui
avait donné la veille en témoignant un chagrin extrême du départ d'une de ses sœurs.

« Rassurez-vous, ma mère, lui répondit-il,
si vous ne pleuriez pas ainsi vos sœurs, vous
n'aimeriez pas tant vos pauvres. »

Aussi, comme les jeunes sœurs appréciaient
la faveur d'être placées sous sa direction!
comme elle était aimée, comme elle a été
pleurée de celles qui lui ont survécu! Lorsque,
agenouillées autour de son lit funèbre, elles
pensaient à la sainteté de sa vie, une seule
crainte les portait à prier pour son âme : « Il
lui reste, peut-être, disait l'une d'elles, à expier
la trop grande tendresse qu'elle a eue pour
nous. »

Cependant, lorsqu'il s'agissait de leur devoir
et de leur avancement, la mère ne passait rien

17

à ses filles ; elle exigeait l'exécution la plus stricte du règlement, suivant cette parole de saint Vincent de Paul :

« De votre fidélité au règlement dépend peut-être la vie de dix mille personnes : combien de maris rendus à leurs femmes, de pères et de mères à leurs enfants! Vous serez peut-être cause que plusieurs seront sauvés, qui, sans vous, ne l'auraient jamais été. »

Elle ne leur permettait aucune affectation dans les manières, rien de contraint, rien de gêné; combattait leur gaucherie, leur excès de timidité en les faisant venir devant les personnes étrangères; et si l'une d'elles, chargée d'une mission auprès des administrations, ou du bureau central, témoignait quelque crainte de se trouver pour la première fois au milieu de la foule et d'adresser des demandes et des réclamations à des hommes qu'elle ne connaissait pas :

« Que craignez-vous, lui répondait la supérieure, ne parlez-vous pas au nom de Dieu? »

Elle ne voulait pas qu'elles eussent la pensée

de se distinguer, de se faire remarquer, même
par le bien qu'elles pourraient faire.

« Soyez comme l'eau pure, leur disait-elle,
qui coule toujours sans saveur et sans couleur.»

La moindre négligence, la moindre infraction
était sévèrement réprimée ; elle reprenait les
fautes avec douceur, mais cette douceur était
si imposante, que, lorsqu'elle faisait une représentation, les sœurs n'osaient pas la regarder en
face ; elle leur parlait toujours au nom de Dieu,
de leur saint patron ou de leur ange gardien.
Lorsqu'une sœur, même en obéissant, n'avait
pas montré assez d'empressement et de joie :

« Notre Seigneur ne sera pas content de
vous aujourd'hui, ma sœur, je l'ai vu dans vos
regards. »

Si l'une d'elles mettait un peu trop de vivacité dans ses mouvements et laissait voir un
peu d'impatience en exécutant un ordre :

« Votre bon ange, ma sœur, n'a pas pu vous
suivre, » lui disait-elle, et il fallait recommencer lentement, et en disant une prière,
ce qui avait été fait avec trop de précipitation.

Comme une autre ne se pressait pas d'écrire
une lettre en faveur d'un pauvre :

« Allons, ma sœur, votre ange gardien vous
tend la plume, vous ne voudriez pas le faire
attendre. »

Elle ne les épargnait pas pour le service des
pauvres : souvent elles revenaient fatiguées de
longues courses à travers le faubourg, elles
avaient monté beaucoup d'escaliers, visité
grand nombre de familles, une nouvelle misère
était signalée qui appelait un prompt secours :
la supérieure n'hésitait pas à les renvoyer immédiatement, en leur donnant à peine le temps
de dîner.

« Vous irez, n'est-ce pas, ma sœur, disait-
elle, prendre votre récréation avec notre Seigneur; vous le trouverez auprès de ce pauvre
malade. »

Une de ses filles lui ayant témoigné l'ennui
qu'elle éprouvait, lorsqu'elle exerçait l'office
de portière, du long temps que les pauvres,
rarement pressés, mettaient à traverser la
cour, avant de dire ce qu'ils venaient cher-

cher, et de la perte de temps qu'entraînaient
ces lenteurs :

« Quand vous tirez le cordon, mon enfant, lui dit la sœur Rosalie, faites un acte
de foi en la présence de Dieu dans le pauvre
qui frappe à la porte, et vous ne vous plain-
drez plus du temps qu'il passe dans la cour
et dans la maison. »

Elle prêchait surtout à ses filles un grand
détachement des choses de ce monde; sa vie
en donnait une leçon continuelle : cependant,
il est un sacrifice qu'elle ne put jamais leur
imposer. Elle leur permettait d'écrire à leurs
familles toutes les fois qu'elles en demandaient
la permission, et comme l'une d'elles, nouvel-
lement arrivée, lui en témoignait sa reconnaissance : « Croyez-le bien, lui répondit-
elle, cette correspondance ne nuira pas à votre
perfection; ce n'est pas à nous à imposer des
sacrifices à nos parents, lorsqu'ils nous demandent de nos nouvelles. Quand on leur
écrit souvent, on en est moins préoccupé que
lorsqu'on leur écrit rarement. » Elle écrivait

elle-même souvent à sa mère, qu'elle n'allait
jamais voir, de peur que son absence ne nuisît
à ses pauvres. Lorsqu'elle fut devenue aveugle,
elle souffrit beaucoup de ne plus pouvoir tenir
une plume; elle était triste au commencement de sa dernière année, en pensant, disait-
elle, que pour la première fois depuis qu'elle
avait quitté sa famille, elle venait de laisser
passer un premier jour de l'an sans écrire à
sa mère.

Son attachement à sa communauté était
filial, elle la regardait comme sa véritable famille; tout ce qui la touchait allait droit à son
cœur; elle avait pour les supérieures, et spécialement pour le supérieur général de son
ordre, une affection pleine d'obéissance et de
respect qu'elle exprimait en toute occasion.

Mais la sœur Rosalie n'était pas seulement
dévouée à ses pauvres, à sa famille, à ses
sœurs, elle avait des amis dans tous les
rangs, dans toutes les classes, et elle les
aimait de tout son cœur. Cette affection si
tendre n'avait rien de commun ni de banal;

elle ne perdait jamais de vue ceux qu'elle
honorait de son amitié, et qui l'avaient ordinairement gagnée en lui donnant l'occasion
de leur être utile. Elle prenait intérêt au
moindre incident de leur vie; quelque affairée
qu'elle fût, elle avait toujours le temps de
s'occuper d'eux, leur visite était pour elle
une véritable fête; elle se plaisait à causer
avec eux de ses pensées comme des leurs,
et à leur laisser lire dans son âme ses inquiétudes et quelquefois ses tristesses charitables. Elle leur demandait conseil avec la
simplicité d'un enfant, et les retenait toujours
lorsque, craignant d'abuser de son temps et
de sa complaisance, ils voulaient s'en aller.
Mettant son plaisir à les obliger, elle comptait
sur eux comme ils comptaient sur elle, et
n'hésitait pas à leur demander toute espèce
de service. Elle avait un homme à faire sortir
de Paris incognito.

« Vous avez besoin d'un domestique, n'est-
ce pas? dit-elle à un de ses amis qui partait
pour un voyage.

— Pas en ce moment, ma mère.

— Si fait, aujourd'hui même ; vous en avez besoin pour me rendre service. »

Elle écrivait à un autre :

« Ne croyez pas, je vous prie, aller au ciel avant de m'avoir placé mes deux orphelins ; c'est quelque chose qui vous tomberait sur la conscience et qui vous ferait rester à la porte jusqu'à nouvel ordre. Donc, placez-moi mes deux enfants, placez-les bien vite, je ne puis plus leur subvenir. »

Il y avait dans son amitié une délicatesse, une expansion, une confiance qui frappait d'attendrissement et d'admiration ceux qu'elle aimait. Combien se rappellent, en gémissant, ses douces confidences qui ne reviendront plus, entendent encore retentir au fond de leur cœur ses paroles intimes, ses questions sur leur destinée, ses conseils sur leur avenir! Les jours où ils étaient heureux, ils allaient à la petite maison de l'Épée-de-Bois pour trouver une âme qui partageât leur joie, qui leur apprît à bien porter leur bonheur. Les jours de peine

et de découragement, ils y allaient plus vite
encore, car là les attendaient la tendre compassion, les pleurs qui se mêlent aux pleurs,
les paroles qui rendent courage. Le Ciel leur
avait donné dans la sœur Rosalie une de
ces affections qui sont la lumière et la chaleur de la vie ; en se retirant, elle leur a
laissé un froid et une ombre que rien ne
dissipera sur la terre.

En 1854, la sœur Rosalie voulut couronner
tous ses actes de charité par le sacrifice de
sa vie. Le Père de Ravignan était atteint
d'une maladie que l'on croyait mortelle; l'E-
glise de France levait au ciel des mains
suppliantes pour obtenir la vie de son missionnaire : une douloureuse inquiétude s'était
emparée de tous ceux que sa parole avait
ramenés à Dieu et conservait à la vérité et à
la vertu. La sœur Rosalie se souvint que
plusieurs fois une santé précieuse à l'Église
avait été rachetée par le sacrifice d'une autre
vie ; elle n'hésita pas à offrir la sienne à Dieu
pour celle du Père de Ravignan.

« Il a fait, il est destiné à faire encore tant de bien! disait-elle à ses sœurs en leur annonçant son sacrifice ; et moi, j'en ai fait si peu, qu'il y aurait manque de charité de ma part à ne pas m'offrir à sa place ; le Seigneur, j'espère, m'acceptera. »

Dieu ne l'accepta pas alors, il rendit, sans cette précieuse rançon, son pieux et éloquent serviteur aux vœux et aux prières universels. La sœur Rosalie avait encore à agir et à souffrir pour lui sur la terre, et la reconnaissance de la grâce obtenue ne fut pas troublée par la douleur d'une si grande perte.

A sa charité incomparable la sœur Rosalie joignait au plus haut degré la vertu qui aux yeux de Dieu donne du mérite à toutes les autres : elle avait l'humilité de saint Vincent de Paul. Comme on lui rapportait qu'une personne disait du bien d'elle :

« Elle a grand tort de le dire, répliqua-t-elle, et plus encore de le penser. »

Elle souffrait autant de la louange, du respect, que les autres du mépris et du blâme. Recevant une lettre pleine d'injures d'un homme dont l'inconduite faisait le désespoir d'une famille honorable, à laquelle elle était fort attachée :

« Il me connaît bien, disait-elle en la lisant; c'est bien comme je suis, c'est tout à fait mon portrait. »

Elle ne pouvait supporter que les pauvres l'appelassent leur bienfaitrice.

« Appelez-moi votre servante, votre amie, votre sœur, si vous voulez. Voilà tout ce que je suis. »

Dans sa soif d'humiliations et son goût pour les injures, elle était toujours portée à se montrer généreuse pour ceux qui la maltraitaient. Un jour, à bout de ressources, elle avait été obligée de refuser l'argent qui lui était demandé pour une de ses familles :

« Eh bien, ma mère, lui dit une de ses sœurs qui la connaissait bien, puisque vous ne voulez pas donner dix francs à cette pauvre

femme, je l'engagerai à vous dire des injures,
et elle en aura vingt. »

Dans ce temps où chacun se laisse prendre
à l'appât de la publicité, son nom dans un
journal, la révélation d'une de ses actions,
lui causait un profond chagrin; quand elle
reçut la croix d'honneur, elle ne pouvait se
consoler d'une telle distinction, de l'attention qu'elle allait attirer sur elle; pour la lui
faire accepter sans trop de douleur, il fallut
lui dire que son refus ferait encore plus de
bruit, et qu'on parlerait ainsi d'elle deux fois
en public.

« Un grain d'amour-propre, répétait-elle
souvent, suffit pour perdre un océan de
bonnes œuvres. »

Était-elle obligée de faire allusion à quelqu'un de ses actes de charité, elle avait soin
de le mettre sur le compte du curé de la
paroisse, de ses amis, de ses sœurs, et faisait faire une grande partie de ses aumônes
par des mains étrangères.

« Il sera bien difficile d'écrire sa vie, di-

sait une de ses sœurs, car elle a eu toujours
soin de faire disparaître tout ce qui pouvait
indiquer ou rappeler ses œuvres. »

Lorsqu'elle allait aux réunions charitables,
dont elle était la lumière et l'édification, elle
cherchait toujours la dernière place, se cachait derrière tout le monde, ne prenait la
parole que sur les instances de l'assemblée;
elle exposait alors son opinion avec une remarquable netteté, mais si doucement, si
modestement, qu'en donnant un conseil, elle
paraissait le demander. Ses avis, toujours sui-
vis comme un ordre, ressemblaient à une
prière; elle ne pouvait comprendre qu'on vînt
sans cesse lui demander conseil.

« Quelle singulière idée tous ces gens-là
ont de me consulter! ne faut-il pas avoir
perdu l'esprit? »

Un jour quelqu'un, après avoir rappelé
son influence sur son quartier, ajoutait qu'elle
serait bien difficile à remplacer.

« Que dites-vous? reprit-elle; je suis un
méchant carreau de vitre : une fois brisé, il

sera bien vite remplacé par un plus beau et
plus fort. »

Elle se croyait incapable de toute vertu,
et se regardait comme la dernière et la plus
indigne des ouvrières. Un an avant sa mort,
se trouvant très-souffrante et passant une
grande partie de ses nuits sans sommeil, elle
disait à un prêtre que la maladie et l'in-
somnie lui étaient bonnes, parce qu'elles
lui donnaient le temps de faire trêve à ses
occupations et de bien examiner ses actions.

« C'est dans cet examen, ajouta-t-elle,
que j'ai vu combien ma vie a été inutile.
Je ne sais pas comment Dieu peut se servir de moi, ni comment j'ai pu devenir
sœur de la charité; dans mon pays et de
mon temps, on ne connaissait pas, ou fort
peu, les filles de saint Vincent, on ne connaissait guère que les filles de saint François de Sales : et voilà que saint Vincent a
joué un tour à saint François, en m'appelant à sa communauté; mais le tour n'est

guère merveilleux, car il n'a pris qu'un bien triste sujet. »

« Quelle folie, répétait-elle souvent, de nous attribuer le succès de quelques-unes de nos entreprises, lorsque nous le devons au souvenir d'un pauvre qui aura prié pour nous, ou à l'intervention d'une bonne âme que nous ne connaissons pas ! »

Elle se regardait comme coupable de tout le mal qui se faisait autour d'elle ; apprenait-elle qu'une famille avait été découverte sans secours et sans pain, qu'un ménage n'était pas marié, qu'un homme de son quartier n'avait pas fait sa première communion : « Voyez, s'écriait-elle, quel reproche j'ai mérité : je n'ai pas soulagé ce pauvre, j'ai laissé cette famille dans le mal; Dieu me rendra justement responsable de toutes ces fautes, de toutes ces souffrances. Grand Dieu, quand donnerez-vous à ce quartier une servante plus digne, plus dévouée, afin que vous puissiez répandre plus de bénédictions sur ce pauvre peuple? » Et lorqu'une affaire

ne réussissait pas : « Faut-il s'en étonner?
disait-elle, je m'en suis occupée, et c'est
moi qui suis la cause de son insuccès. »
Aussi elle ne pouvait souffrir cette facilité
avec laquelle dans la conversation on béa-
tifie les vivants, et repoussait avec vivacité
la place que souvent on lui assignait dans
le ciel. Un jour que ses amis avaient énu-
méré avec complaisance tous ses droits au
paradis, elle avait mis à repousser leurs éloges
plus d'animation qu'à l'ordinaire; mais elle
ne put s'empêcher de sourire, lorsque la sœur
Mélanie, la plus ancienne de ses compagnes,
coupa court par ces mots à la discussion :

« Vous avez peut-être raison, ma mère;
mais Dieu, en vous voyant, dira : Voilà une
vieille servante qui est dans ma maison depuis cinquante ans, il ne faut pas la laisser
à la porte. »

Mais la conviction de sa misère n'allait jamais jusqu'au découragement; elle puisait dans le sentiment de sa faiblesse et de
ses imperfections des motifs d'espérer en la

miséricorde divine; elle a raconté un rêve
qui était la véritable expression de son humilité et de sa foi dans la toute-puissance de
la charité :

« Une nuit je me vis en rêve devant le
tribunal de Dieu ; il me recevait avec une
grande sévérité, et allait prononcer ma condamnation, lorsque tout à coup je me trouvai
entourée d'une foule de personnes portant de
vieilles bottes, des chaussons, des bonnets, qui
présentaient à Dieu toutes ces choses, et lui
disaient : C'est elle qui nous a donné tout cela.
Alors Jésus-Christ, se retournant vers moi,
me dit : En vue de toutes ces friperies données en mon nom, je vous ouvre le ciel :
entrez-y pour l'éternité. »

Au mépris de soi-même dont elle était si
bien pénétrée, elle voulait qu'on joignît cet
abandon à la volonté divine qui prévient le
désespoir.

« Pour empêcher les chutes, disait-elle, il
faut s'appuyer sur deux béquilles, la confiance
en Dieu, la défiance de soi-même ; puis,

quand on est tombé, faire comme les petits
enfants qui trébuchent, donnent du nez en
terre, pleurent, regardent leur mère, et se
consolent en se relevant. »

A l'imitation de son saint patron, elle recommandait de ne pas enjamber sur la Providence, et de s'arranger pour ne marcher ni
plus vite ni plus doucement qu'elle. Enfin,
elle résumait tous les devoirs du chrétien par
ces mots :

« Ayons un cœur d'enfant pour Dieu, de
mère pour le prochain, de juge pour nous-
même. »

L'extrême humilité de la sœur Rosalie
l'éloignait de tout ce qui s'écarte des voies
ordinaires ; elle admirait le missionnaire, qui
court au loin porter aux nations étrangères la
bonne nouvelle, et espère en récompense le
martyre ; elle vénérait les sœurs qui demandaient à exercer leur charité en Afrique, dans
le Nouveau-Monde, ou dans les hôpitaux et les
ambulances de l'Orient ; elle n'aspirait pas à
de si éclatants sacrifices : les infidèles et les

blessés de son faubourg lui suffisaient ; son
ambition était de vivre et de mourir obscurément au milieu de son peuple, sa perfection
de faire le mieux qu'elle pouvait les choses
de tous les jours, son précepte de prédilection :

« Soyons extraordinaires à force d'être ordinaires. »

Elle voulait que la simplicité présidât à tout
ce qui l'entourait, et comme les sœurs récla-
maient dans ses écoles les améliorations et
les embellissements qui se faisaient ailleurs,
elle les grondait en disant :

« Ménageons l'argent de la ville, et n'ou-
blions pas que nos premières sœurs ont fait
la classe dans des étables. »

Elle avait aussi une grande humilité pour
son ordre, qu'elle aimait par-dessus tout ; elle
craignait pour lui la place qu'il a si justement
conquise dans l'admiration du monde, le bruit
de ses belles actions qui retentissait dans les
journaux et les rapports officiels.

« Bientôt, disait-elle, les sœurs de la Charité mettront des plumets à leurs cornettes ;

une pauvre Carmélite, ignorée dans sa cellule, est souvent bien plus grande aux yeux de Dieu et plus utile à son Église, que celle dont on loue partout et on exalte les mérites. »

Sa piété profonde était grave et sérieuse.

« J'ai été élevée, disait-elle, dans la crainte de Dieu, et non dans la dévotion à l'eau de fleurs d'oranger, comme tant de gens aujourd'hui. »

La sainte communion était sa nourriture : elle en avait si grand besoin, que, malade et ne pouvant se soutenir, elle se levait à grand'-peine, se traînait jusqu'à la sainte table, et retournait à son lit, heureuse de posséder son Sauveur ; sa journée se passait en la continuelle présence de Dieu. Ses occupations si multipliées l'empêchaient souvent de donner beaucoup de temps à la méditation et à la prière ; mais, dès qu'elle était restée seule un instant, ses sœurs la retrouvaient à genoux, dans un profond recueillement, et elle se félicitait de ses longues insomnies, parce que Dieu lui accordait ainsi le temps de prier.

Au milieu de la foule, dans ses courses, dans ses visites, son cœur priait pendant qu'elle remplissait ses charitables devoirs ; tout devenait autour d'elle sujets de méditations et de réflexions pieuses ; elle disait à une sœur qu'elle envoyait au dehors : « Jamais je ne fais si bien l'oraison que dans la rue : les passants ne sont pas plus pour moi que les arbres dans une forêt ; je suis de l'avis de ce saint qui comparait le monde à un grand bois, où l'âme ne doit jamais se laisser arrêter ni distraire par les ronces et les broussailles. »

Quand elle sortait avec une de ses sœurs, soit à pied, soit en voiture, elle était silencieuse, ne répondait que par un mot aux questions, aux remarques qui lui étaient faites ; elle était en conversation avec Dieu.

Comme notre Seigneur, elle prenait les événements les plus communs, les faits les plus vulgaires pour images de la vie spirituelle, et en faisait le texte de son enseignement. Les sœurs, retenues par d'autres devoirs, n'avaient pu s'occuper que fort tard d'un blanchissage, elles se plaignaient de ne pas avoir le temps de faire l'oraison.

« Vous pouvez la faire ici, leur dit la supérieure, sans quitter votre ouvrage : pensez que vos âmes doivent être blanches comme cette mousse de savon, et légère comme elle, pour s'élever jusqu'à Dieu, et que vous n'arriverez à donner à vos consciences la netteté et la pureté de ce linge qu'en les lavant dans les eaux de la pénitence. »

L'Imitation de Jésus-Christ, les œuvres de saint François de Sales, qu'elle appelait son cher ami et son compatriote, étaient ses lectures favorites; dans les derniers temps de sa vie, elle se faisait lire les Sermons de Bossuet, dont elle goûtait la forte doctrine et qu'elle préférait beaucoup à Massillon, à qui elle trouvait trop d'esprit pour des sœurs; mais elle se pénétrait surtout de la vie, des pensées de saint Vincent de Paul. Elle le méditait la nuit et le jour, cherchait à modeler sa vie sur la sienne, et avait sans cesse quelques-unes de ses recommandations sur les lèvres. Chaque soir, elle s'agenouillait pour dire ses prières devant une image représentant le saint enlevé au ciel par des anges, souvenir bien cher de la sœur Tardy. Elle faisait devant cette image son examen de conscience, et quand elle croyait avoir à se reprocher un peu de vivacité vis-à-vis d'un importun, un refus à quelque mauvais sujet :

« Saint Vincent de Paul m'a regardé ce soir d'un mauvais œil, disait-elle aux sœurs; il n'est pas content de moi. »

Et elle passait une partie de la nuit à chercher les moyens de réparer le mal que saint Vincent de Paul lui reprochait. Sa piété envers lui se manifestait surtout par un redoublement de bonnes œuvres le jour de sa fête.

Elle avait une dévotion particulière à saint Joseph; elle le priait sans cesse, elle admirait sa vie toute cachée et intérieure : elle aimait aussi à invoquer la sainte Vierge sous le nom de Notre-Dame-de-l'Espérance, et s'en allait, dans les occasions importantes, prier dans la chapelle de l'église Saint-Séverin qui lui est consacrée.

Mais sa piété était, comme ses autres vertus, sans aucune exagération ni recherche. Elle combattait chez les jeunes sœurs la tendance à prendre, pour arriver à la perfection, des voies singulières, à s'imposer des tâches au-dessus de leurs forces; elle était l'ennemie des scrupules excessifs, et les reprochait toujours comme une injure à la bonté de Dieu.

Une de ses amies s'excusait de ne pas visiter les pauvres parce qu'elle devait aller à Argenteuil vénérer la sainte robe.

« Comment pouvez-vous aller chercher cette relique de notre Seigneur aux dépens de vos malades, lui répondit-elle, lorsque vous avez les plus précieuses de toutes, son corps et son sang, dans le sacrement de l'autel! »

Elle était sobre à parler de piété; mais lorsqu'elle trouvait des âmes préparées à la comprendre, elle ne manquait pas de les fortifier; elle tenait beaucoup à les prémunir contre cette dévotion qui s'attache aux douceurs, aux consolations de la religion, et touche à peine à ce qu'elle a d'austère pour les mœurs

et de gênant pour les passions. La tendance
religieuse de notre temps l'inquiétait un peu :
elle la trouvait empreinte de mollesse, associant trop facilement les distractions, les joies
du monde avec les pratiques les plus pieuses,
et mêlant les bonnes œuvres à la dissipation,
à toutes les recherches du bien-être, à toutes
les indulgences de la vie; elle n'estimait pas
beaucoup le retour à la religion par intérêt
purement temporel, par le juste effroi des
doctrines antisociales, par la peur des révolutions, et se défiait de ce système nouveau,
si respectueux pour l'Évangile, mais si habile à
en éluder l'esprit, à en oublier les préceptes,
et que le monde lui-même condamne sous le
nom de religiosité.

Sa vie était conforme à la doctrine de saint
François de Sales : la forme en était douce,
aimable, le fond sévère; sa sérénité, l'égalité
de son humeur cachaient un détachement
complet des choses et la pratique de la plus
austère mortification. A sa mort, on ne trouva
rien à donner de ce qui lui appartenait; elle

s'était dépouillée de tout, et lorsqu'il lui arrivait quelque chose qu'elle ne pouvait re- fuser, elle cherchait immédiatement à qui ce cadeau pouvait faire plaisir.

Dans le rigoureux hiver de 1829 à 1830, s'apercevant qu'une pauvre dame qui était venue lui demander secours n'avait qu'une robe légère incapable de la garantir du froid, elle cherchait quelque chose pour la mieux couvrir ; les armoires étaient vides, elle la prie d'attendre un instant, reparaît bientôt et lui remet un paquet en lui recomman- dant de ne pas le laisser voir en sortant de la maison. C'était son jupon dont elle venait de se dépouiller. Elle continua ses travaux sans rien dire, car elle avait déjà été grondée par ses filles plusieurs fois pour une action pareille, et celles-ci ne s'en aper- çurent qu'en la voyant trembler de froid au milieu de la cour. Elles voulurent faire quelques représentations ; mais la sœur Ro- salie :

« Silence, mes enfants, j'ai revêtu la

sainte Vierge dépouillée de tout et gelant de froid; nous au moins nous sommes bien vêtues, nous pouvons faire du feu; mais cette pauvre femme, comment n'avoir pas pitié d'elle! »

Un autre jour, comme on cherchait partout ses souliers pour les nettoyer, elle fut obligée d'avouer, en rougissant, qu'elle les avait donnés le matin à une pauvre femme entrée chez elle les pieds nus.

Elle mangeait peu et vite, sacrifiant son dîner à la première personne qui demandait à lui parler. Les sœurs, pour lui laisser le temps de prendre ses repas, étaient obligées de ne pas l'avertir des visites qui attendaient; elle se plaignait de cette attention.

« Les marchands se dérangent de leur table, disait-elle, pour le plus petit gain, pour la moindre pratique; ne travaillons-nous pas pour quelque chose de mieux, et faut-il nous écouter, lorsqu'il s'agit d'un bien autre intérêt et d'un tout autre bénéfice? »

Pendant les derniers temps de sa vie, surtout depuis qu'elle était aveugle, les sœurs cherchaient à lui servir quelque chose de meilleur et de plus convenable à sa santé que le dîner commun; elle s'en affligeait et ne voulait jamais accepter.

« Comment me donnez-vous ces choses? s'écriait-elle avec reproche : elles auraient fait tant de bien à ce malade, à ce convalescent que vous avez été voir! Une pomme de terre, n'est-ce pas tout ce qu'il faut à la servante des pauvres! »

Malgré ses souffrances et de continuels malaises, elle était la première dans sa maison à exécuter la règle dans toutes ses exigences. Plusieurs fois ses filles, la voyant accablée de fatigue après une nuit sans sommeil, la priaient à genoux de retarder de quelques heures le moment de son lever. Elle ne se rendait pas à leurs instances, et à quatre heures du matin elle était debout.

« Plus tard, répondait-elle à toutes les supplications, je serai bien heureuse d'avoir suivi exactement notre règle. Voyez comme elle est peu dure pour moi ; combien de sœurs, à l'heure où je suis encore couchée, sont à veiller auprès des malades ! »

Retenue pendant longtemps à la maison par des douleurs aiguës, elle ne put sortir qu'après de longs mois d'immobilité, pour faire ce qu'elle appelait en riant le tour de son diocèse. Depuis ces accidents, la marche lui était très-pénible, elle avouait que chaque pavé était pour elle une épine ; mais, se souvenant que dans sa vieillesse saint Vincent de Paul, incapable de marcher, et obligé, pour ses courses charitables, de prendre un carrosse, l'appelait son humiliation et son infamie, elle ne voulait jamais prendre de voiture, et quand on l'y forçait, elle abaissait les stores ou faisait monter avec elle tous les petits enfants qui pouvaient entrer, comme si elle eût cherché à cacher sa faiblesse derrière leur innocence.

Née avec une nature vive, impétueuse, c'était au travail incessant de sa volonté qu'elle devait l'excellence de ses vertus. Au commencement, toute opposition à ses sentiments la mettait dans une irritation extrême. Elle ne pouvait triompher de ses répugnances à accepter la plus petite contrariété; elle ne savait pas obéir, pas même attendre : une parole, un mouvement qui lui déplaisait suffisait pour provoquer un orage au fond de son cœur. A force de luttes et de prières, elle parvint à changer sa nature, à transformer son caractère; elle ne conserva de son impétuosité que son ardeur pour faire le bien : elle était tellement devenue maîtresse d'elle-même, qu'au milieu des importunités, des contradictions de tous les jours, elle restait calme, ne laissant voir aucune apparence d'irritation; mais cette action sur sa nature lui coûta des efforts surhumains, elle y sacrifia sa santé et en contracta plusieurs maladies.

Sa patience était devenue angélique. Pour chercher à guérir sa cécité, il fallut, pendant longtemps, venir toutes les cinq minutes lui jeter de l'eau sur les yeux, et la soumettre à un traitement insupportable. Elle ne paraissait pas s'en apercevoir; les sœurs qui la soignaient ne

pouvaient se faire à cette longanimité, elles lui
en exprimaient leur étonnement :

« Il ne m'est pas possible de m'impatienter,
leur répondit-elle, lorsque vous me donnez
toutes, en me soignant, d'admirables exemples
de patience. »

Elle aimait à voir la joie sur le visage de
ses sœurs, souriait à leur gaieté; mais elle
avait au fond de l'âme beaucoup de tristesse,
rien ne pouvait détourner sa pensée des souffrances des pauvres.

« Comment voulez-vous que je sois gaie?
répétait-elle : il y a autour de moi tant de gens
qui pleurent! »

Elle s'affligeait aussi beaucoup des maux et
des tristesses de l'Église, du peu de reconnaissance que les hommes témoignent à Dieu, et
de toutes les infractions qu'ils se permettent
contre sa loi : aussi la voyait-on s'épanouir
et revivre lorsqu'on lui rapportait des actes
de vertu, et jouissait-elle de toutes les œuvres
de piété et de charité qui se faisaient dans le
monde.

Elle avait poussé le renoncement jusqu'à s'interdire la plus légère distraction, et se serait reproché d'avoir consacré une seule minute à autre chose qu'à l'accomplissement d'un devoir. Une fois, cependant, elle crut pouvoir se permettre ce qu'elle appelait une partie de campagne.

Il s'agissait de descendre le petit escalier qui conduisait au jardin de la maison de secours, et d'aller cueillir une douzaine de fruits sur un poirier, qui en était l'arbre le plus magnifique. Depuis plusieurs semaines la sœur Rosalie méditait cette excursion, et n'en avait pas trouvé le temps; enfin une de ses sœurs, la voyant libre, la prend par la main, l'entraîne vers le jardin. Elle était déjà sur les marches de l'escalier, lorsqu'un coup de sonnette se fait entendre.

« Je vais à la porte, lui dit sa compagne; continuez, ma mère, je vous rejoins à l'instant.

— Non, non, répondit la sœur Rosalie en revenant sur ses pas, le Seigneur m'appelle, il ne veut pas que je quitte un instant son service. »

Et elle renonça pour toujours à sa partie de campagne.

Quant à cette vie mondaine, à ces visites nombreuses qu'on lui reprochait quelquefois en riant, elle les acceptait comme une mortification dans l'intérêt de ses pauvres, et aussi pour le bien de ceux qu'elle recevait, sachant combien il leur était utile de respirer un moment l'air de la pauvreté et de la misère. La longueur de ses audiences se mesurait aux motifs qui les provoquaient : quand on venait lui parler d'une bonne et joyeuse nouvelle, de quelque chose qui devait lui faire plaisir, elles étaient courtes ; mais elles se prolongeaient toutes les fois qu'il s'agissait d'affaires tristes, pénibles, et de douloureux entretiens. Et comme ses sœurs se plaignaient du temps que lui avait pris un homme qui avait mis des heures entières à lui conter ses peines :

« N'aimeriez-vous pas, si vous étiez malheureuses, à être consolées! leur répondit elle.

Ce n'est pas que je l'aie consolé, mais j'ai écouté
le récit de ses malheurs, et c'est beaucoup
pour celui qui est affligé. »

Elle ne témoignait jamais la moindre impatience dans les conversations, même les plus
inutiles, quoique rien ne la fatiguât davantage
que les inutilités; seulement, lorsque son interlocuteur s'étendait en trop longs discours,
sans portée et sans but, comme il arrive si
souvent dans le monde, elle disait en l'écoutant une dizaine du chapelet.

Son activité ne connaissait ni repos ni relâche. Pendant ses maladies elle acceptait tout
avec résignation et même reconnaissance, ex-
cepté la nécessité de ne rien faire; à force
de prières, on obtint qu'elle restât un jour en
repos après de longues fatigues; mais dans
le silence et la solitude, son esprit travaillait tellement, qu'à la fin de la journée elle
était plus fatiguée de son inaction que des
plus laborieuses affaires. Dès qu'elle avait un
moment de liberté, elle se livrait aux plus
humbles occupations de la maison, balayait

la cour, les escaliers, lavait la vaisselle; la
sœur chargée de ce soin, lorsqu'elle la voyait
à l'ouvrage avec une si grande ardeur, n'avait
d'autres moyens de lui épargner ce travail que
de crier à ses compagnes :

« Envoyez bien vite des pauvres à notre
mère, sans cela elle va faire tout le ménage. »

A cette âme si bien douée Dieu avait
donné une intelligence d'élite : la sœur Rosalie avait à la fois l'esprit d'initiative, de
persévérance et d'ordre. Jamais maison ne
fut mieux réglée que la sienne; elle passait
une partie de la nuit à coordonner ce qu'elle
avait recueilli la veille pour le travail du lendemain, et le matin, après déjeuner, elle distribuait à ses sœurs toutes les affaires; celles-ci
étaient toujours frappées de la justesse de ses
vues, de la sagesse de ses plans, et des ressources de son esprit. Après ses audiences,
lorsque venait le moment de sa correspondance, elle dictait trois ou quatre lettres à
la fois; son style était simple, précis, allant
au fait, comme l'expression d'un esprit qui

agit plus qu'il ne parle, renfermant en peu
de mots beaucoup de choses.

Confidente des intérêts, des idées de tant
de personnes, chargée de mille affaires de
toute nature, elle donnait à chacune sa place
et son importance, sans rien oublier, sans
rien confondre, la traitait à son heure comme
si elle avait été seule, et parvenait à les
terminer toutes. La plus vaste intelligence
aurait été troublée par les occupations d'une
seule de ses journées, l'âme la plus forte
aurait succombé sous la multiplicité et la
variété de ses devoirs; la sœur Rosalie suffisait à tout; elle était toujours prête à tout
comprendre, à tout expliquer; elle ne discutait pas, n'entrait jamais en dispute et en
contestation, mais elle expliquait clairement,
simplement sa manière de voir; dès les premiers mots, on sentait qu'elle avait raison
et qu'elle disait la vérité; son génie pénétrait à travers les ombres des plus difficiles
questions, saisissait le point important, et
marchait droit au but sans jamais en dévier;

elle avait la vue nette et précise des choses,
comme ceux qui les jugent avec une conscience pure et sereine, connaissait à fond
l'humanité, et découvrait d'un coup d'œil les
tendances et les aptitudes de chacun. Son
éloquence naturelle et d'intuition trouvait sans
effort les paroles et les idées les plus capables d'arriver à ce qu'elle se proposait ;
elle savait imposer à la passion d'un homme
du monde comme aux entraînements de la
multitude, et cette voix si douce, si persuasive, quand il fallait encourager, soutenir
ou consoler, faisait pâlir et trembler ceux
dont elle voulait arrêter la violence et provoquer le repentir. A la piété de la religieuse, à la miséricorde de la sœur, elle
joignait les vues profondes de l'administrateur le plus habile et le plus expérimenté,
et les hommes d'État se seraient trouvés
heureux d'avoir suivi ses conseils.

Peut-être, en se rendant compte de ses correspondances, de ses audiences quotidiennes
et de ses travaux habituels, trouvera-t-on

que, dans sa vie, les occasions lui ont manqué de déployer son génie. Donner des bons, distribuer des cartes, placer un enfant, un vieillard, faire une recommandation, tout cela paraît une bien petite œuvre; mais, sans compter les affaires les plus importantes, à la hauteur desquelles son intelligence sut toujours se trouver, elle imprimait à ses actes de tous les jours le cachet de la perfection, et la perfection a autant de valeur dans les petites que dans les grandes choses.

Dieu est infiniment grand, non-seulement parce que d'une parole il a créé l'univers, et que sa providence préside à la marche et à la destinée des empires, mais aussi, et plus encore peut-être, parce que les pensées les plus fugitives, les actions les moins importantes de ce monde, n'échappent pas à sa sollicitude, et qu'il veille à chacun des besoins de la plus humble et de la plus dédaignée de ses créatures.

Le principal secret de la vertu et du génie de la sœur Rosalie se trouve dans la profondeur et

la clarté de sa foi ; le monde matériel ne lui
cachait rien du monde supérieur, et à travers
les réalités de la terre elle apercevait distinctement les vérités du ciel ; au milieu de ce
contact perpétuel avec l'humanité, elle ne
vivait jamais séparée de Dieu, des saints,
des anges ; pendant que les occupations
externes semblaient l'arracher à son intérieur et la jeter en dehors d'elle-même,
son âme était en communication avec la
volonté divine, avec les souffrances de Jésus-
Christ, avec les prières et les mérites des
esprits célestes, et elle prenait dans cette
vue et cette association la force de dompter
sa nature, le dévouement à ses frères, l'amour
de la mortification, et le détachement des
choses qui passent.

Après l'opération de la cataracte, elle fut
obligée de rester longtemps assise, sans bouger : elle succombait à la gêne de cette position, toujours la même ; on voulut, pour la
reposer un peu, placer un oreiller derrière sa
tête, elle le refusa :

« En pensant, dit-elle, que je suis en présence de Dieu, à côté de mon bon ange, je ne puis me laisser aller à cette faiblesse. »

Cette union perpétuelle avec Dieu imprimait aux habitudes de sa vie, à ses occupations les plus humbles, à ses actions les plus vulgaires, une si grande dignité, un tel caractère de sainteté, que souvent les sœurs restaient immobiles et silencieuses à la contempler. Elle s'étonnait de cette attention, et leur en demandait la cause; ses filles se gardaient bien de la lui révéler, pour ne pas lui faire de la peine; mais elles se disaient en sortant : « Quand la sainte Vierge était dans la maison de saint Jean, elle ne devait pas être autrement que notre mère. »

CHAPITRE XIV.

MALADIES ET MORT DE LA SŒUR ROSALIE.

Pendant les cinquante ans que la sœur Rosalie avait consacrés au faubourg Saint-Marceau, la maladie l'avait souvent visitée. Elle était rarement une journée sans souffrir; des palpitations très-vives lui causaient pour la moindre marche une extrême douleur. Une fièvre tierce, dont elle ressentait presque tous les ans les atteintes, la retenait quelquefois des mois entiers dans sa cellule, et inspirait

de sérieuses inquiétudes pour sa vie. Elle manquait rarement de compromettre sa convalescence par son empressement à retourner au
service de ses pauvres ; mais son tempérament
sain l'emportait toujours, et après ces inter-
ruptions qui lui servaient de retraite, tant elle
en faisait bon usage pour son âme, elle se
retrouvait aussi active, aussi zélée ; les années
elles-mêmes, en s'accumulant sur sa tête, semblaient ne lui avoir rien ôté de ses forces ni
de son courage. Dans la crainte du dernier
jugement, elle avait souvent exprimé le désir
d'avoir trois mois pour se préparer à la mort ;
Dieu les lui donna sous la forme qui devait
la sanctifier le plus, puisqu'elle lui imposait
le plus grand sacrifice : elle devint aveugle.
La pauvre sœur, si vive, si occupée des autres,
si heureuse de la vue de ses pauvres, de ses
enfants, de ses amis, dut renoncer à tout ce
qui faisait son travail et sa joie. Dans ce parloir, où elle avait l'habitude d'aller des uns
aux autres, portant à chacun la consolation
et l'espérance, il lui fallut se faire conduire

par une sœur, chercher d'une main incertaine la place où elle devait s'asseoir, n'en plus bouger une fois qu'elle y était parvenue, et attendre qu'on lui nommât ceux qui s'approchaient d'elle, au lieu de les saluer, de les prévenir, comme autrefois, d'une parole amicale et d'un doux regard. Elle en souffrit cruellement, et sa franchise ne le déguisait pas; elle regrettait surtout de n'être plus utile à personne, d'imposer à d'autres la nécessité de s'occuper d'elle, et, comme une jeune sœur lui rapportait qu'au dire d'un saint prêtre, sa cécité était une grande grâce, un témoignage de la miséricorde divine, elle avouait ingénument que, si elle avait osé, elle aurait demandé à Dieu de lui témoigner autrement sa bonté.

Mais sa tristesse n'avait rien d'abattu ni de découragé, elle n'altérait en rien le calme et l'égalité de son humeur; son âme se résignait sans murmurer aux souffrances qu'elle ressentait vivement, et, se détachant de plus en plus de la terre, se réfugiait dans le sein de Dieu. Ses amis lui ayant demandé la permission de faire une neuvaine à sainte Germaine pour obtenir sa guérison :

« N'en faites rien, leur dit-elle, je serais effrayée d'être la personne choisie par Dieu pour être l'objet d'un miracle, je croirais qu'il demande de moi des choses extraordinaires, j'en serais troublée, et puis on s'imaginerait peut-être que je l'ai obtenu par vertu. »

Elle ne se rendit qu'à de nouvelles instances, mais elle refusa de prendre part à la neuvaine.

« J'aime mieux m'en rapporter à la volonté de Dieu, et d'ailleurs je gâterais tout en mêlant mes prières aux vôtres. »

Au milieu de ses ténèbres, elle restait fidèle à sa mission, présidait à sa maison, indiquait à ses filles ce qu'elle ne pouvait faire elle-même, et voulait recevoir tous ceux qui demandaient à lui parler. Quand on lui annonçait un ami, elle le faisait asseoir auprès d'elle, le prenait par la main, le regardait avec les yeux de son cœur, et bientôt, à la vivacité de sa conversation, à la fraîcheur de ses idées,

à l'intérêt qu'elle prenait à tout, on avait oublié
que l'on était près d'une aveugle.

Quoiqu'elle se plaignît de ne pouvoir rien
faire pour les pauvres, elle ne cessa, jusqu'à
la fin, de s'en occuper. La veille du jour où
elle tomba malade pour ne plus se relever,
la sœur chargée de distribuer les soupes éco-
nomiques avait remarqué un vieillard de bonne
mine, qui s'approchait le plus qu'il pouvait du
fourneau, et était resté dans la salle tout le
temps de la distribution. Interrogé s'il était
malade, il avait avoué qu'il demeurait aussi
longtemps près du feu parce qu'il n'avait à
la maison ni cheminée ni bois pour se chauf-
fer ; la sœur l'avait invité à revenir chaque
matin, lui promettant une place près du fourneau et une portion meilleure. La supérieure,
instruite de cette découverte, gronda sa fille
d'avoir été assez dure pour n'avoir pas demandé
à ce pauvre homme son nom et son adresse;
elle n'eut pas de repos qu'il ne fût retrouvé,
et qu'elle n'eût envoyé chez lui un bon poêle
et une petite provision de bois. Le jour même

où la fièvre la prit, une pensée la tourmentait : elle avait oublié, pour la première fois peut-être, une demande qui lui avait été adressée la veille; elle en parla dès le matin au petit jour, et supplia une des sœurs de réparer son oubli.

« Je vous en prie, lui dit-elle, avant toutes choses, portez une couverture à ce pauvre homme, il doit avoir bien froid, car moi-même je grelotte dans mon lit. »

Elle tremblait en effet de la fièvre, ce fut sa dernière œuvre.

Au mois d'octobre 1855, lorsqu'on crut le moment venu, un chirurgien habile, et qui lui était très-attaché, lui fit l'opération de la cataracte; quelques rayons de lumière frappèrent son œil : plus tard, elle parvint à entrevoir quelques formes dans les figures, quelques nuances dans les couleurs; mais ces faibles lueurs disparurent, et la nuit se refit autour d'elle. Au commencement de 1856, on se reprit à l'espérance d'une nouvelle opération qui fut fixée aux premiers jours du prin-

temps; la santé de la sœur Rosalie, si forte-
ment ébranlée, se raffermit. Ses forces semblaient lui revenir, il y avait dans toute sa
personne comme un renouvellement de vie.
Les sœurs et les pauvres se félicitaient de ce
retour, qu'ils acceptaient comme un heureux
présage, lorsque dans la nuit du 4 février
elle se sentit saisie d'un grand froid; elle ne
voulut pas appeler la sœur qui couchait auprès
d'elle, et troubler un sommeil mérité par les
longues courses de la journée. Le matin, elle
était en proie à la fièvre et à une vive douleur
de côté. Son médecin, mandé en toute hâte,
reconnut les symptômes d'une pleurésie ou
d'une fluxion de poitrine; pendant deux jours,
les remèdes, énergiquement appliqués, parurent
lutter avec succès contre le mal. Les sœurs,
auxquelles on avait caché une partie de la
vérité, n'étaient pas inquiètes ; le bulletin
n'annonçait qu'une forte indisposition qui
n'avait rien de très-menaçant. La malade elle-
même conservait son calme; elle parlait de
la longueur, des ennuis de la convalescence,

répondait à ceux qui plaignaient sa souffrance :

« Les pauvres ne sont pas si bien que moi. »

Elle s'inquiétait, suivant son habitude, de la fatigue des sœurs. Une d'elles qui l'avait veillée la première nuit, se leva au milieu de la nuit suivante pour avoir de ses nouvelles. Entrée dans sa chambre, elle lui présenta à boire sans mot dire; la sœur Rosalie la reconnut à la manière dont elle la servait.

« Quel mal vous me faites, mon enfant! lui dit-elle; en vous dépensant ainsi pour moi, vous me dépensez moi-même. »

Elle associait ses souffrances à celles de l'Homme-Dieu. Malgré son éloignement pour les remèdes, elle prenait les breuvages qui lui répugnaient le plus, en souvenir de celui qui fut offert à Jésus-Christ pendant sa passion.

On lui avait posé un vésicatoire; la sœur qui le pansait s'aperçut que la serviette qui l'entourait s'était repliée sur elle-même, avait

pesé sur la plaie, et était couverte de sang.
Étonnée de n'entendre aucune plainte, de
ne voir aucune émotion sur le visage toujours calme de la malade, pour une douleur
qui devait être si vive, elle craignit un commencement de paralysie, et s'écria avec inquiétude :

« Ma mère, n'avez-vous donc rien senti ? »

Comme la sœur Rosalie se taisait, elle ré-
péta vivement la question ; alors la malade,
avec un doux sourire :

« Oui, je le sentais ; mais c'était un clou
de la croix de notre Seigneur, et je voulais
le conserver. »

En bonne et sainte chrétienne, la pensée
de la mort ne lui avait jamais été étrangère ;
elle ne la désirait pas, et en avait même un
certain effroi. L'année précédente, la supérieure de la Visitation, la mère Séraphine
Fournier (1), qu'elle aimait beaucoup et qui

_____

(1) La mère Séraphine Fournier était dans le cloître
ce que la sœur Rosalie était dans le monde, et a laissé,
en quittant la terre, le souvenir d'une sainte.

la voulait auprès d'elle pendant ses maladies,
pour avoir, disait-elle, un ange à ses côtés,
l'avait appelée à son lit de mort, et lui avait
dit, au moment des derniers adieux :

« Courage, ma sœur, vous me suivrez de
près. »

Cette parole l'avait extrêmement frappée ;
elle l'avait rapportée à ses sœurs.

« Je ne sais pourquoi, ajoutait-elle, cette
bonne mère m'a parlé ainsi. Si Dieu veut me
laisser encore quelques années sur cette terre,
je ne demande pas à la quitter. »

Pendant cette maladie si courte, la pensée
de sa mort ne parut pas se présenter à son
esprit ; rien ne la faisait prévoir encore.

Le 6 février au matin, les symptômes les
plus graves avaient disparu, on se croyait
maître du mal ; à onze heures, elle prit un
bouillon pour la première fois depuis qu'elle
était alitée. Ses filles se félicitaient déjà de sa
guérison, lorsqu'à une heure la violente douleur de côté reparut et le pouls s'éleva. La sœur
Rosalie continua encore quelque temps à s'en-

tretenir des besoins des pauvres, fit quelques recommandations sur les devoirs de la journée, puis, tout à coup, sa langue et sa tête s'embarrassèrent, on perdit le sens de son discours. Bientôt, un assoupissement à peine interrompu par quelques paroles sans suite, annonça que la vie s'en allait : les sœurs éplorées comprirent qu'il n'y avait plus d'espoir ; le curé de Saint-Médard, appelé sur-le-champ, ne put que donner l'extrême-onction et réciter les dernières prières ; la sœur Rosalie fit le signe de la croix, murmura deux ou trois mots que l'on n'entendit pas et qui semblaient l'écho d'une prière intérieure, et retomba dans sa léthargie ; le lendemain, à onze heures, elle était morte, sans agitation, sans agonie, comme si elle avait passé d'un sommeil léger à un plus profond repos.

Le bruit de sa mort se répandit dans son quartier, et bientôt dans tout Paris, avec le saisissement et les émotions de l'inattendu. Alors seulement, on put savoir ce qu'avait été la vie qui venait de finir ; car, à mesure que

la triste nouvelle entrait dans une maison,
dans une famille, on entendait des regrets,
des gémissements; des hommes de toutes classes, de toutes conditions, habitant les quartiers
les plus éloignés, et qu'on n'aurait pas soupçonnés de savoir le nom de la sœur Rosalie,
s'arrêtaient pour pleurer en apprenant dans la
rue qu'elle était morte, et répondaient à ceux
qui s'étonnaient de leur douleur :

« Ah! nous lui devions tant! elle nous a
fait tant de bien! »

La consternation était autour de son lit
funèbre, les sœurs pleuraient et priaient; ses
amis, à peine instruits de sa maladie, qu'ils
croyaient légère et dont ils ne s'étaient pas inquiétés, apprenaient, en entrant dans la maison,
que cette maladie l'avait tuée; d'autres la trouvèrent morte, sans avoir su qu'elle était malade.
Ils étaient venus, selon leur habitude, chercher
auprès d'elle un moment de consolation et de
joie, ils y rencontraient le désespoir. Rien ne
saurait peindre leurs cris, leurs sanglots, leurs
lamentations douloureuses; il fallait les arra-

cher de cette chambre où la sœur venait
d'expirer.

Le lendemain, on exposa son corps dans
une chapelle ardente : il était revêtu du costume de sœur de la Charité, le chapelet au
bras, le crucifix entre les mains croisées sur
la poitrine. Ses traits avaient repris leur
expression habituelle, sa figure était belle de
sérénité et de calme; la mort y avait seulement apporté ce qu'elle ajoute ordinairement
de grandeur et de majesté à la physionomie
de ceux qui ont saintement vécu. Dès que les
portes furent ouvertes, il se forma dans le
quartier une longue procession qui ne finit
qu'à la nuit pour recommencer le jour suivant. Le faubourg Saint-Marceau se dirigea
tout entier vers la maison si connue de l'Épée-
de-Bois; les ouvriers quittèrent leur travail
pour se mettre à la file, les mères y condui-
sirent leurs petits enfants, les vieillards et les
malades s'y firent porter : on voulait voir encore
une fois celle dont la vie avait été la protection
de toutes les familles, et la remercier par une

prière. On embrassait ses mains, ses pieds; on approchait de son corps des livres, des chapelets, des mouchoirs; on se disputait comme des reliques les morceaux de ses vêtements, les parcelles de son linge : chacun désirait emporter dans sa maison, comme une bénédiction et une sauvegarde, quelque chose qui lui eût servi ou qu'eût touché ce qui restait encore d'elle sur la terre.

Dans ce quartier ordinairement si bruyant, régnait un religieux silence; il n'y avait plus pour tous qu'une affaire, qu'un besoin, rendre un dernier hommage à leur bienfaitrice; ce besoin faisait oublier tous les autres, et pendant ces deux journées, dans cette foule innombrable qui se rendit à la maison des sœurs, personne ne songea à leur demander un secours. Un grand nombre de personnes accoururent de toutes les parties de Paris et de la banlieue, firent le pèlerinage de la rue de l'Épée-de-Bois, et passèrent devant la sœur Rosalie avec le même respect et le même attendrissement; tous ceux qui avaient été ses élèves et ses

auxiliaires, qui avaient coutume. de répondre
à sa voix, s'empressèrent à ce dernier appel;
des prêtres de toutes les paroisses, des religieux de tous les ordres, demandèrent à dire
la messe dans la chapelle ardente, des prélats
vénérables se mêlèrent à la foule pour bénir ses
restes; le cardinal de Bonald vint prier auprès
d'elle, en regrettant qu'un devoir impérieux
l'empêchât le lendemain de présider à ses obsèques, et l'archevêque de Rouen, l'un de ses
plus anciens et plus chers amis, fit toucher sa
croix pectorale au corps de la sœur, comme
aux reliques d'une sainte.

Le jour des funérailles fut un de ces jours
qui ne s'oublient pas, et qui dans la vie
d'un peuple rachètent bien des mauvais jours.
A onze heures, le convoi sortit de la maison
funèbre ; le clergé de Saint-Médard, auquel
s'était joint un grand nombre d'ecclésiastiques,
marchait en tête, précédé de la croix ; les
jeunes filles de l'école et du patronage rappelaient les œuvres de leur mère. Les sœurs
de la Charité entouraient le cercueil, placé

dans le corbillard des pauvres, comme l'avait
demandé la sœur Rosalie, afin que saint Vincent de Paul pût la reconnaître jusqu'à la fin
pour une de ses filles; l'administration mu-
nicipale et le bureau de bienfaisance du douzième arrondissement venaient ensuite, puis,
derrière eux, se pressait une de ces multi-
tudes que l'on ne peut ni compter, ni dé-
crire, de tout rang, de tout âge, de toute
profession. Un peuple entier avec ses grands
et ses petits, ses riches et ses pauvres, ses
savants et ses ouvriers, avec ce qu'il a de
plus illustre et de plus obscur, tous mêlés,
confondus, exprimant, sous des formes et
des paroles diverses, les mêmes regrets, la
même admiration; tous ayant à remercier
d'un service, ou à louer d'une bonne action,
celle à qui ils venaient rendre les derniers
devoirs. On eût dit que la sainte morte
avait donné rendez-vous autour de son cercueil à tous ceux qu'elle avait visités, secourus, conseillés pendant les longues années de
sa vie, et qu'elle exerçait encore sur eux

l'ascendant de sa présence et de sa parole :
car ces hommes, partis des extrémités les
plus opposées de la société, séparés par leur
éducation, leurs idées, leurs positions, qui
peut-être ne s'étaient rencontrés jusque-là
que pour se combattre, étaient réunis en ce
jour dans une même pensée, dans un même
recueillement.

Les partis s'étaient effacés, les haines s'a-
paisaient, les passions faisaient silence; il n'y
avait plus que des frères et des enfants qui
accompagnaient jusqu'à sa dernière demeure
leur sœur et leur mère.

Au lieu de prendre la route directe de
l'église, le convoi fit un long détour dans
le quartier appelé autrefois son diocèse, comme
pour lui faire faire un dernier adieu à ces rues
qu'elle avait si souvent parcourues, à ce faubourg qu'elle avait tant aimé; sur son passage, les femmes, les petits enfants, tous
ceux qui n'avaient pu se mettre du cortége,
s'inclinaient, faisaient un signe de croix, et
murmuraient une prière; à la vue des bou-

tiques fermées, de la suspension du travail,
de la foule dans les rues, sur les portes,
aux fenêtres, de l'attention fixée sur un seul
point, le petit nombre de ceux qui n'en
connaissaient pas la cause se demandaient
quelle fête, quel grand événement, quelle
magnifique cérémonie agitaient ce faubourg
et tenaient tout ce peuple en émoi; si c'é-
taient les funérailles d'un prince, ou l'entrée
d'un triomphateur. Seul le corbillard des
pauvres leur annonçait qu'il ne s'agissait pas
d'une gloire humaine, d'un triomphe de la
terre, et qu'il se passait là quelque chose que
les idées de ce monde n'expliquent pas.

La messe fut dite par le curé de Saint-
Médard, l'absoute prononcée par M. l'abbé
Surat, vicaire général, envoyé par l'archevêque de Paris pour le représenter. Le cata-
falque était entouré d'un piquet de soldats,
pour rendre les honneurs militaires à la
décoration de la sœur Rosalie ; une croix
d'honneur était posée sur son cercueil. Ce
n'était pas la sienne ; les sœurs n'avaient

pas voulu la donner, en souvenir de son humilité; mais un des administrateurs du bureau
de bienfaisance avait attaché sa croix au drap
mortuaire, en pensant qu'après avoir occupé
cette place, elle serait encore plus honorable
à porter.

Après le service, le convoi se rendit au
cimetière du Mont-Parnasse, accompagné,
jusqu'à la fin, du même concours; une fosse
était ouverte dans la partie réservée aux sœurs
de la Charité, où reposent, en attendant la
résurrection, tant de corps usés par de saintes
fatigues. On y descendit le corps de la sœur
Rosalie, on récita sur lui les dernières prières,
on le recouvrit d'un peu de terre; une croix
de bois fut placée sur la tombe. Après la dernière bénédiction, le maire du douzième arrondissement prononça de belles et touchantes
paroles, qui parurent l'expression de la pensée
de tous; quelques jeunes filles suspendirent
à la croix des couronnes d'immortelles, puis
chacun retourna en silence aux tristesses et
aux distractions de la vie, et bientôt, de toute

cette foule, il ne resta plus que deux ou trois
pauvres qui prièrent jusqu'à la nuit, ap-
puyés sur la grille du cimetière des sœurs.

Quelques mois plus tard, les amis de la
sœur Rosalie voulurent que l'on pût toujours
reconnaître la place où reposait son corps; ils
le firent transporter à une des extrémités du
cimetière, contre la grille qui sépare l'enceinte
du chemin, afin qu'il fût plus près de ceux
qui venaient prier. Une pierre fut placée sur
la tombe, surmontée d'une grande croix avec
cette inscription :

A SŒUR ROSALIE,

SES AMIS RECONNAISSANTS,

LES RICHES ET LES PAUVRES.

Tous les jours, surtout les dimanches, les
jours du repos et de la prière, de pauvres
gens viennent s'agenouiller auprès de ce tombeau; beaucoup en emportent, en se retirant,

un caillou, un peu de poussière, comme si cette terre avait été sanctifiée et imprégnée d'une vertu surnaturelle par le corps qu'elle a reçu en dépôt.

La presse fut unanime pour exprimer les regrets et l'admiration publics. Les partis, si ardents dans leurs luttes, si divisés dans leurs nuances, se trouvèrent d'accord. Il y eut un point sur lequel tous les journaux tinrent le même langage, portèrent le même jugement. Ceux-là même qui, chaque jour, se combattent, et n'ont sur aucun sujet la même manière de voir, s'entendirent sur l'étendue de la perte que la charité venait de faire, et sur les hommages que méritaient les vertus de la sœur Rosalie.

La veille du jour où la sœur Rosalie était tombée malade, sa mère s'était éteinte sans maladie, sans douleur, à l'âge de quatre-vingt-huit ans. Après avoir élevé tous ses enfants dans la crainte de Dieu et l'amour de sa loi, elle avait consacré de longues années à la méditation et à la prière; entourée des

soins pieux de sa famille, du respect, de
l'affection de tout le voisinage, l'exemple et
l'édification du pays qu'elle habitait, elle
avait conservé jusqu'à son extrême vieillesse, exempte d'infirmités, toute la lucidité
de son esprit et toute la vigueur de son
âme.

Sa fille aînée seule lui manquait. En 1814,
elle avait été à Paris passer quelques semaines
avec la sœur Rosalie; elle lui demandait dans
toutes ses lettres de venir la voir à son tour.
A ses instances répétées la bonne sœur avait
toujours répondu qu'elle partirait immédiatement, si elle pouvait conduire tous ses enfants
avec elle. Sa mère ne renonça à l'espérance
de sa visite que le jour où elle apprit qu'elle
était aveugle.

Les sœurs de la rue de l'Épée-de-Bois
avaient envoyé à Mme Rendu un portrait très-
ressemblant de la sœur Rosalie. Pour obtenir
de leur supérieure qu'elle posât, il fallut lui
prouver qu'en sacrifiant à ses pauvres la
joie que sa présence aurait faite à sa mère,

elle devait au moins lui envoyer en compensation son image.

Mme Rendu avait toujours ce portrait devant les yeux, et trompait, en le regardant,
les douleurs de la séparation. Elle était heureuse des vertus de sa fille, fière de sa sainteté, et pleurait de joie toutes les fois qu'un
habitant du pays de Gex, revenu de Paris,
racontait le bon accueil, les services qu'il avait
reçus de la supérieure de la rue de l'Épée-
de-Bois, les bonnes œuvres dont il avait été
témoin, les bénédictions qu'il avait entendu
accumuler sur sa tête.

Le 2 février, quoique rien n'indiquât sa fin
prochaine, Mme Rendu demanda à recevoir
les derniers sacrements ; elle dit au curé de
sa paroisse :

« C'est demain que vous célébrez la fête
de saint François de Sales ; ce sera, je le
sais, le jour de ma mort. »

Le lendemain, elle rassembla sa famille auprès de son lit, lui fit ses adieux sans trouble,
sans faiblesse, parla de sa dernière heure

comme d'un événement auquel elle était depuis longtemps préparée, et s'endormit doucement dans le Seigneur, en prononçant le nom de la sœur Rosalie.

La nouvelle de sa mort arriva à Paris le matin même de l'enterrement de sa fille, et ajouta encore à l'émotion de la journée. En les rappelant en même temps, Dieu a voulu épargner à chacune le chagrin de survivre à l'autre sur cette terre, et donner à toutes deux la joie d'entrer en même temps dans le ciel.

La charité, qui ne meurt pas, habite encore la rue de l'Épée-de-Bois; les pauvres du faubourg Saint-Marceau sont visités dans leurs maladies et secourus dans leur misère; les sœurs continuent leur admirable mission : les œuvres se propagent et se multiplient. Mais la sœur Rosalie, en quittant la terre, a laissé un vide qui de longtemps ne sera pas comblé. Dieu n'accorde pas tous les jours au monde des âmes comme la sienne; il faut de longues années pour réunir en une seule

personne tant de lumières et tant de force,
tant d'intelligence et tant de vertus; longtemps,
le faubourg Saint-Marceau s'apercevra que cette
main puissante n'est plus là pour le soutenir
dans ses défaillances, pour le défendre dans
ses luttes contre le vice et la misère. Il réclame déjà de la sainte ce qu'il ne peut plus
espérer de la sœur. Comme aux jours où elle
était de ce monde, on invoque son intercession
pour obtenir un secours, une place, le succès d'une pétition ; les infirmes lui demandent
l'adoucissement de leurs souffrances, les mères,
la guérison de leurs enfants malades, et maintenant qu'on ne peut plus solliciter sa recommandation auprès des hommes, on la
réclame auprès de Dieu. Quand on entre
dans la maison d'un pauvre, il ne vous
parle que des souvenirs et déjà des miracles
de la sœur Rosalie; son image est partout,
tous les habitants de son quartier ont voulu
l'acheter : les moins riches demandent la
plus grande, la plus belle, et si on leur objecte que cette image coûte bien cher pour

celui qui gagne à peine de quoi payer le pain de
chaque jour, ils répondent comme ce pauvre
vieillard :

« Oui, c'est cher pour moi; mais je puis
bien rester, s'il le faut, un jour sans manger
pour avoir le portrait de celle qui m'a nourri
pendant si longtemps ! »

Les œuvres ne retrouveront plus cette expérience qui était leur lumière, cet appui qui
ne manquait jamais à leurs premiers pas, cette
admirable pénétration qui découvrait si vite
et si bien en toute occasion ce qu'il fallait
faire. A chaque instant, dans le domaine du
bien, se fait sentir l'absence d'un intermédiaire si puissant entre la richesse et la pauvreté, d'un centre où venaient aboutir tant de
plaintes et tant de prières, et d'où s'échappaient, comme des rayons divins, les consolations et les secours.

Toutes les fois qu'il se présente une situation désespérée, un problème qui paraît insoluble, un bien presque impossible à faire, un
souvenir revient, les regards se tournent tris-

tement vers la rue de l'Épée-de-Bois, et on s'écrie en gémissant : « Oh ! si la sœur Rosalie était là ! »

Mais elle est surtout regrettée des sœurs qui vivaient avec elle, dont elle animait et dirigeait la charité ; elles ne s'accoutument pas à n'être plus sous son autorité maternelle ; elles ne peuvent, comme elles le disent, ni quitter sa maison, ni y revenir. Partout où elles portent leur dévouement, la sœur Rosalie leur est présente ; dans chaque œuvre qu'elles entreprennent, elles se demandent ce qu'auraient décidé la prudence, la charité, l'humilité de leur mère ; elles entendent sa voix aimée, et croient encore lui obéir, toutes les fois qu'elles font du bien.

Une d'elles est allée déjà la rejoindre.

La sœur Mélanie avait été vingt-cinq ans auprès de la sœur Rosalie. Grande, forte, énergique, elle était chargée de tous les travaux pénibles de la maison, de toutes les missions qui demandaient du sang-froid et du courage ; elle était le bras dont la supérieure

était l'âme. Fallait-il conduire à l'hospice des
aliénés une pauvre femme qu'on ne pouvait
retenir dans la voiture, ramener à la raison
quelque esprit turbulent, emporté par l'ivresse,
soutenir le membre que le chirurgien allait
couper, la sœur Mélanie était toujours prête;
aux journées de juin elle reçut une balle dans
sa cornette en allant relever un blessé; elle
était auprès de la supérieure, lorsque l'officier
fut sauvé, et répondit aux insurgés qui voulaient l'intimider :

« Je ne crains que Dieu. »

Elle veillait la sœur Rosalie pendant ses
longues maladies. Inconsolable de sa perte,
elle se reprochait de n'avoir pas été réveillée
la nuit où se déclara la fluxion de poitrine,
ne parlait que de la sainte morte, avait toujours à la bouche une de ses paroles, un des
traits de sa vie.

« Je ne suis qu'une pauvre fille sans instruction, » disait-elle à ceux qui lui demandaient quelques souvenirs du long temps
qu'elles avaient passé ensemble, « pour la

première fois de ma vie je regrette de n'avoir
pas assez d'intelligence pour faire admirer à
tous les vertus de notre sainte mère. »

Une seule pensée, un seul vœu remplissait son âme : elle espérait aller bientôt la
rejoindre.

Peu de temps après, elle vint faire une
retraite à la communauté. Le choléra et le
typhus sévissaient dans les hôpitaux de Constantinople; les sœurs étaient frappées au pied
du lit des soldats mourants. Un premier envoi
avait été déjà décimé. La supérieure générale
assemble les sœurs le dernier jour de la retraite,
elle en demande quinze pour remplacer en
Orient celles que la maladie et la mort ont
éloignées du service des malades; quarante-
cinq se présentent, la sœur Mélanie était du
nombre; on la choisit, tant elle exprimait
le désir de mourir bientôt. Avant de partir,
elle alla prier sur la tombe de la sœur Rosalie,
lui demander une partie de son cœur et de sa
charité. A son passage à Marseille, et lorsque
ses parents lui firent leurs adieux :

« Je vais au ciel par le chemin le plus court, leur dit-elle, par celui de Constantinople. »

Au bout de quelques semaines, des lettres de Scutari annonçaient que Mlle Esparbier, de Toulouse, en religion sœur Mélanie, était morte du typhus dans l'exercice de ses charitables fonctions. Dieu n'avait pas fait attendre sa servante ; l'humble fille était réunie à sa mère.

CHAPITRE XV.

CONCLUSION.

On raconte qu'un visiteur, attiré de loin dans la rue de l'Épée-de-Bois par l'espérance de rencontrer quelque chose d'extraordinaire, après avoir été reçu par une sœur qui l'accueillit avec politesse, lui parla avec simplicité et remplit devant lui les fonctions de son ministère, demanda à être présenté à la supérieure, et en apprenant qu'il venait de la voir,

s'écria : « Comment! la sœur Rosalie, ce n'est
que cela!» Il n'avait, en effet, rien vu en elle
qui la distinguât des autres, et ne pouvait s'expliquer l'extrême disproportion qui lui semblait
exister entre la personne et sa réputation, entre
les faits et la renommée.

L'histoire de la sœur Rosalie pourra peut-
être, au premier abord, inspirer cette même
pensée et arracher une pareille exclamation.
Que voit-on en effet dans cette histoire? Une
pauvre sœur de Charité cachée dans une des
positions les moins importantes de son ordre,
à la tête d'une très-petite communauté, dans
le plus misérable quartier de Paris, qui, pendant cinquante ans, ne sort pas de la maison
de la rue de l'Épée-de-Bois, ne fonde aucune
œuvre éclatante, ne laisse après elle rien de
sublime, rien d'héroïque à raconter, ni missions lointaines, ni service des blessés aux
ambulances et sous le feu de l'ennemi; seulement des actions ordinaires, des événements
de tous les jours : un soldat sauvé pendant
une émeute, la grâce d'un père obtenue par

les prières de sa fille, des enfants reçus à la crèche, à l'école, à l'asile, de jeunes ouvrières patronées, des familles soulagées dans leur misère ; ce que font sans cesse et partout où elles se trouvent les sœurs et les œuvres, ce qui semble à la portée de toute âme charitable et chrétienne. Puis, en regard de ces humbles choses, une réputation qui va s'étendant jusqu'aux extrémités du monde ; les sommités du pouvoir, de la fortune, de l'intelligence se pressant dans un petit parloir ; l'obéissance respectueuse du peuple, les hommages et les visites des souverains pendant la vie ; et, après la mort, un deuil universel, un convoi plus suivi que celui des hommes illustres et des glorieux monarques, un nom sur toutes les lèvres, une mémoire dans tous les cœurs.

Ce contraste a de quoi surprendre, et paraît, au premier coup d'œil, difficile à expliquer ; mais, pour qui pénètre jusqu'au fond des choses, la solution du problème ne se fait pas attendre, et l'étonnement se change bientôt en admiration.

La sœur Rosalie avait reçu de Dieu ce qui donne l'autorité et la puissance, ce qui assure une belle place dans le ciel et sur la terre, ce qui fait les esprits supérieurs et les âmes d'élite; elle avait la prudence et la simplicité, la haute intelligence et la vertu, l'innocence et le génie; elle était capable de gouverner les hommes, de fonder les plus magnifiques institutions, de laisser après elle les plus profondes traces; elle pouvait passer sa vie à faire de grandes choses.

Elle a préféré l'uniformité d'une existence obscure qui se dévoue à la pratique habituelle du bien; elle a recommencé chaque jour le travail de la veille, sans jamais chercher à sortir de la ligne tracée et de la voie commune, sans qu'il fût possible de distinguer laquelle de ses journées avait été plus utile, laquelle de ses actions avait eu plus de mérite. En résumé, pendant plus de cinquante ans, elle a employé son génie et sa vertu à remplir mieux que personne les plus ordinaires devoirs de sa sainte profession.

Cette préférence a fait le mérite, l'utilité et la grandeur de sa vie. Les actions d'éclat, les sacrifices sublimes sont l'effort d'un jour, ils portent avec eux leur stimulant et leur récompense; l'âme trouve dans leur grandeur même un levier qui la soulève, soutient son élan, et multiplie son énergie; il y a, dans toute grande action, quelque chose de l'entraînement qui pousse le soldat à l'assaut, et fait souvent d'un homme médiocre un héros sur le champ de bataille; les blessures et la mort elle-même ont leurs attraits sous la forme de la gloire ou du martyre. Le dévouement caché qui renouvelle à chaque heure, à chaque personne son sacrifice, qui, sans bruit, sans éclat, se dépense goutte à goutte pour les faiblesses et les misères humaines, exige une volonté supérieure et l'ensemble de plus hautes vertus. Il coûte plus à la nature, il rapporte plus à l'humanité.

C'est au travail pénible et vulgaire qui sans cesse tourne et retourne la terre, que l'on doit les riches moissons; le modeste en-

seignement des écoles primaires et chrétiennes
sert plus à la régénération d'un peuple que les
éloquentes leçons de ses savants et de ses
docteurs, et la sœur Rosalie a plus guéri de
maux et sauvé d'âmes par ses visites, ses
paroles, ses secours de chaque jour, que par
les faits les plus éclatants et les actions les
plus héroïques.

Voilà ce que le monde reconnaissait lui-
même, lorsqu'il venait la chercher dans sa
retraite, lui demander des conseils, des consolations, des exemples, en échange de son
respect et de ses aumônes, lorsqu'il entourait
sa vie et sa mort de tant d'affection et d'hommages. Par une rare exception, les hommes,
qui n'accordent leurs applaudissements qu'à
ce qui brille et retentit, ont admiré en elle
l'obscurité et le silence; ils ont glorifié l'humilité des simples devoirs, ils ont préféré la
perfection de l'œuvre à son éclat; en un mot,
ils l'ont jugée comme juge Dieu lui-même.

Faire le mieux possible les choses ordinaires, ce fut la règle et le but de toute la

vie de la sœur Rosalie; c'est aujourd'hui son mérite et sa gloire aux yeux de Dieu et des hommes; ce sera le grand, le salutaire enseignement de son histoire.

FIN.

NOTES.

―――――

NOTE 1.

PAGE 1, LIGNE 5.

La famille de la sœur Rosalie était établie à Comfort au commencement du xvie siècle.

Elle compte, en ce moment, parmi ses membres, Mgr Rendu, évêque d'Annecy; quatre Filles de la Charité; M. le baron Rendu, ancien procureur général près la Cour des comptes; M. Ambroise Rendu, conseiller honoraire de l'Université.

Deux de ses sœurs, Mme Fléchère et Mme Laracine, lui ont survécu.

NOTE 2.

PAGE 27, LIGNE 9.

Les sœurs de Saint-Vincent-de-Paul, lors de leur réunion à la maison de la rue du Vieux-Colombier, portaient la robe et le bonnet noirs.

Le quatrième dimanche de l'Avent de l'année 1804, le pape Pie VII alla visiter la communauté ; il parut surpris que les sœurs n'eussent pas repris l'ancien habit de leur ordre, et, sur l'observation que jusque-là aucune communauté n'avait osé porter extérieurement le costume religieux, il en parla à l'empereur, en lui disant que les bonnes filles de la Charité avaient l'air de veuves. L'empereur, à sa sollicitation, autorisa les sœurs à reprendre leur ancien habit, ce qui n'eut lieu qu'au printemps de 1805.

NOTE 3.

PAGE 135, LIGNE 3.

Mgr Dupuch n'a trompé ni les espérances ni les craintes de la sœur Rosalie. Après avoir conquis dans le saint ministère la réputation d'un apôtre

de la charité, et avoir donné l'impulsion aux
œuvres les plus utiles et les plus méritoires, il
fut appelé au siége épiscopal d'Alger, que le
saint-siége venait d'ériger, à la demande du gouvernement français, lorsque, suivant la parole
d'un de ses ministres, la France voulut prendre
par la foi une dernière et solennelle possession
de l'Algérie. Le choix du nouvel évêque fut accueilli par des acclamations et une joie universelle. Dès son arrivée sur la terre d'Afrique, il
se donna tout entier à son troupeau, fit venir
quatre-vingts ouvriers qui manquaient à la divine moisson, fournit de vases sacrés, d'orne-
ments et du mobilier nécessaire à l'exercice du
culte, soixante églises, chapelles ou oratoires;
fonda deux grands établissements pour les orphelins; ouvrit des classes et des ouvroirs pour les
jeunes filles, et trois écoles de garçons confiées
aux frères des Écoles chrétiennes; réunit des associations de dames pieuses et charitables chargées
du soin des malades, du patronage des enfants, de
la visite des pauvres, et dans son vaste diocèse fit
sentir sa main et son cœur partout où il y avait
une souffrance morale ou physique à soulager.

Mais ses ressources trahirent son zèle ; sa charité, comme aux jours de ses courses au faubourg
Saint-Marceau, ne calcula pas : il ne voyait que
le bien à faire, sans tenir compte de l'inégalité
entre les recettes et les dépenses. Il n'était ému
que des âmes à sauver, que des misères à secourir ; il ne pensait pas aux sommes énormes que
coûtaient ses fondations et ses libéralités ; il n'é-
tait pas de ce monde, où le zèle le plus pur a
besoin d'être réglé par la raison, où l'élan le
plus désintéressé doit s'arrêter devant les nécessités financières. Donner tout ce qu'il avait pour
ses frères lui paraissait si simple, qu'il ne soupçonnait pas le refus et les mécomptes inévitables
quand il faudrait payer les dettes contractées par
la charité ; il y dépensa sa crosse et sa mitre,
comme le prévoyait la sœur Rosalie ; il dut abandonner son siége, quitter son cher troupeau. Les
sages le blâmèrent ; l'exil et les reproches des
prudents lui firent expier l'impétuosité de son
zèle et les excès de sa charité : mais le ciel est
fait pour les imprudents de ce genre, et dans
un temps où l'amour du gain et la poursuite de
la fortune ont entraîné tant de ruines, il est dif-

ficile de ne pas entourer de respect et d'hommages la mémoire de celui qui s'est ruiné pour avoir trop donné à Dieu et aux pauvres.

NOTE 4.

PAGE 315, LIGNE 17.

Discours prononcé par M. de Saint-Arnaud, maire du douzième arrondissement, aux obsèques de la sœur Rosalie, le 9 février 1856.

MESSIEURS,

Le recueillement et le silence eussent plus dignement répondu peut-être au sentiment de ce grand deuil. On comprend, en effet, qu'il n'y ait point de langage à la hauteur du regret universel qui réunit autour de cette tombe et l'assistance qui s'y presse, et la foule qui n'obéit qu'à elle-même et que n'appelaient sur nos pas ni l'éclat des funérailles, ni le spectacle toujours saisissant de la grandeur et de la puissance, amenées par la volonté divine à cet inévitable rendez-vous; mais nous accomplissons un pieux devoir en déposant sur la tombe de sœur Rosalie les derniers adieux et les touchants respects du douzième arrondissement.

Si le nom et les œuvres de sœur Rosalie appartiennent au monde chrétien, si la France entière les revendique, si Paris en est fier, c'est au douzième arrondissement qu'elle s'était dévouée, c'est au milieu de nous, dans le quartier le plus pauvre, au sein des plus profondes misères, que durant près de soixante ans elle a mis son bonheur et trouvé sa gloire à nous secourir et à nous soulager. .

Ce n'est ni le lieu ni le moment de raconter sa vie si pleine, un seul mot la résume : Digne fille de saint Vincent de Paul, elle a porté la robe de son ordre de manière, ce qui paraissait difficile, à la rendre encore plus respectable et plus chère au peuple.

Elle a traversé nos troubles civils dans un sentiment si vrai de sa mission chrétienne, qu'on eût dit à chaque épreuve que son influence gagnait en solidité comme sa charité en ardeur.

La croix d'honneur qu'une main auguste avait fixée sur sa poitrine, sa modestie ne lui permit pas de l'y conserver : il lui semblait qu'on eût

pu croire que tant de mérites et de vertus avaient
eu pour fin quelque chose de nos distinctions
d'ici-bas : sa récompense n'était pas de ce
monde.

Indulgente et ferme, accessible et respectée, à
l'inctinct de la charité elle joignait la science qui
en fait une sorte de fonction publique. Bonne
pour le conseil, ardente à servir, on admirait
en elle la décision de l'administrateur, et cette
fertilité de ressources pour faire le bien, où
brillait le cœur de la femme. Elle avait reçu du
Ciel ce don des natures privilégiées, une puissance d'attraction d'où naissait une partie de sa
force; car elle était devenue la dépositaire des
secrètes aumônes, source de tant de bienfaits
sortis de ses mains.

On peut dire que le nom de sœur Rosalie
restera lié à la reconnaissance publique tant qu'il
plaira à Dieu de laisser sur la terre le tribut
de la souffrance et le culte de la charité.

Vous avez vu comme elle remplissait de son
esprit, comme elle animait de sa grande âme
ces institutions sur lesquelles repose pour nos
familles indigentes l'espoir d'un meilleur avenir :

la crèche , l'asile , l'ouvroir. Ce sont là les trésors qu'enferme dans ses murs cette sainte maison de la rue de l'Épée-de-Bois , ce noble seuil
qu'ont arrosé tant de larmes de reconnaissance ,
et que n'ont pas dédaigné de franchir notre empereur et notre impératrice bien-aimés ; seuil dé-
solé aujourd'hui , et que sœur Rosalie ne devait
quitter qu'en échangeant sa trop courte existence
contre l'éternelle vie.

Sœur Rosalie , adieu. Priez pour nous !

TABLE

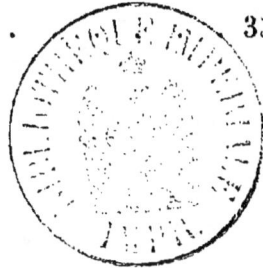

Tours, Imp. MAME.

www.ingramcontent.com/pod-product-compliance
Lightning Source LLC
Chambersburg PA
CBHW052113270326
41928CB00010BA/1875

*9 7 8 2 0 1 2 7 7 6 3 5 7 *